교환 학생을 위한

기초 한국어

Basic Korean
for exchange students

공저 박수연 · 김동숙 · 박진철

한글파크

　　세계화 시대의 흐름에 따라 국가 간의 교류가 활발해지면서 한국어를 배우고자 하는 학습자들이 늘고 있다. 이에 발맞추어 한국어 학습의 목적과 요구 또한 매우 다양해지고 있다. 이런 가운데 학문적 교류를 목적으로 단기간 한국 대학에 머물면서 학점을 이수하기 위해 한국어를 배우는 학습자들이 있다.

　　〈교환 학생을 위한 기초 한국어〉는 아시아, 유럽, 미주 등에서 한국 대학에 교환 학생이나 여름학교(summer school) 수업을 듣기 위해 온 학습자의 한국어 학습에 도움을 주고자 출판된 교재이다. 특히 이 교재는 대학 부설 한국어교육기관의 교재와 달리, 대학의 강의 시간에 맞춰 일주일에 3시간, 15주(총 45시간), 3학점의 교육과정에 맞게 구성되었다. 〈교환 학생을 위한 기초 한국어〉는 한국어를 처음 접하는 '교환 학생 혹은 단기 유학생이' 기본적인 한국어 어휘와 문법을 쉽게 이해하여 한국에서의 일상생활 및 대학생활에서 꼭 필요한 표현을 익힐 수 있도록 하였다.

　　마지막으로, 편집과 출판을 맡아 주신 '한글파크' 편집부 여러분께 진심으로 감사드린다. 아울러 〈교환 학생을 위한 기초 한국어〉가 한국을 경험하기 위해 온 교환 학생뿐만 아니라 국내·국외에서 단기간에 한국어를 배우고자 하는 학습자들에게 큰 도움이 되기를 기대한다.

2018년

저자 일동

The current of the era of globalization has led to frequent exchanges between countries and an increasing number of those who want to learn Korean language. It has resulted in the diverse purposes and needs of learning Korean language. Also, there are students who learn Korean language to earn credits during their short stay in Korean universities for the academic purpose.

⟨Basic Korean for exchange students⟩ is published to help those who come to Korean universities as exchange students or for summer school programs from Asia, Europe, the Americas, etc. to study Korean language. Especially, this book is compiled based on Korean university lecture hours which take three hours a week, 15 weeks(45 hours in total), 3 credits.

⟨Basic Korean for exchange students⟩ aims to help exchange students and short-term foreign students who encounter Korean language for the first time understand basic Korean vocabulary and grammar easily so that they are able to practice expressions necessary in their daily life and university life.

Last but not least, we'd like to express our appreciation to the editorial department of Hangul Park for editing and publishing this book. We hope ⟨Basic Korean for exchange students⟩ will be of great help to not only exchange students who come to experience Korean but also those who want to learn Korean language in a short period.

2018,

All the writers

일 러 두 기

1. 1~3과는 자음과 모음을 익히는 과이며 4~15과는 다양한 어휘와 문법을 학습하여 대화를 구성해 보고 말하기, 듣기, 읽기, 쓰기를 연습해 볼 수 있는 과이다.

2. 〈워크북〉은 수업 후의 숙제 교재인 동시에 수업의 부교재로도 사용될 수 있는데 본 권에서 학습한 어휘와 문법을 연습해 볼 수 있는 문제로 구성되어 있다.

단원 표지 chapter

- 사진으로 단원의 내용을 알 수 있도록 보여 준다.
- 단원의 학습 내용을 구체적으로 알려 준다.
  We present the pictures so that learners can understand the contents of each unit. The learning contents of each unit are provided concretely.

시작해요

Let's begin with the vocabulary

- 각 단원의 주제 어휘를 그림과 함께 선정하였다.
- 제시된 주제 어휘를 익힐 수 있는 연습 문제를 제시하였다.
  We select the need-to-know vocabulary of the topics of each unit and present it with the pictures.
  The exercises with pictures are presented so that learners can write and learn the new vocabulary suggested above with them.

배워요

Let's learn grammar and expression 1

- 짧은 대화와 그림으로 해당 문법이 어떻게 사용되는지 제시하였다.
- 다양한 예문을 통해 학습자가 규칙을 익힐 수 있게 하였다.
- 해당 문법을 사용할 수 있는 다양한 상황을 제시하여 충분한 연습이 이루어질 수 있도록 하였다.
  We present how the grammar is used with short conversations and pictures.
  We enable learners to study the rules through various example sentences.
  We offer various situations where the grammar can be used for enough practices.

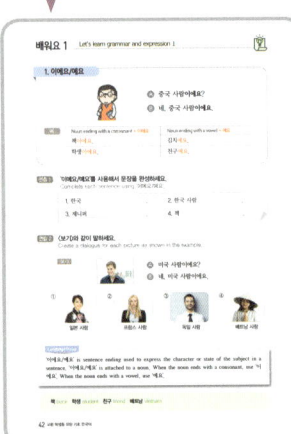

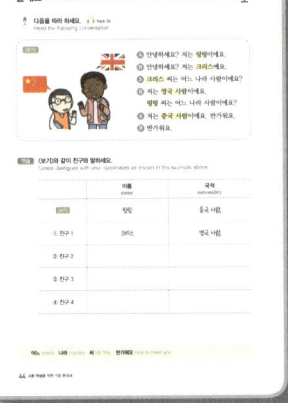

말해요 Let's speak

- 해당 단원에서 배운 문법과 어휘를 사용하여 대화를 할 수 있게 모범 대화를 제시하였다.
- 모범 대화를 살펴본 후 스스로 대화를 구성하는 연습을 할 수 있도록 하였다.
  The model conversations are presented so that learners can talk using the grammar and vocabulary learnt from the unit.
  Learners can practice how to construct the conversation for themselves after taking a look at the model conversations.

How to Use This BOOK

1. The aim of the chapter 1~3 is to learn consonants and vowels and the aim of the chapter 4~15 is to learn various vocabulary and grammars and to construct dialogues and to practice speaking, listening, reading and writing.

2. The <Workbook> consisting of questions with which learners can practice vocabulary and grammars from the main book can be used as both a homework book after class and an auxiliary textbook during class.

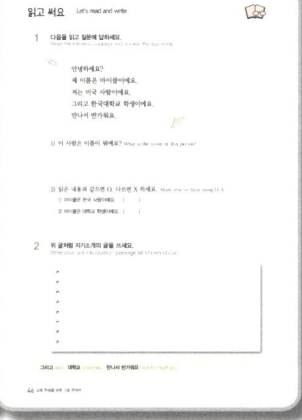

읽고 써요

Let's read and write

- 다양한 형태의 글을 읽고 문제를 푼 후 비슷한 형태의 글을 써 보도록 하였다.

  After reading various genres of writing and solve the questions, learners can write the similar genres of writing.

들어요 Let's listen

- 해당 단원에서 학습한 내용을 대화로 듣고 문제를 풀면서 연습할 수 있도록 하였다.

- 대화를 듣고 지문을 써 보도록 하여 대화 내용을 다시 정확하게 이해하도록 하였다.

- MP3 파일은 한글파크 출판 홈페이지를 통해 제공

  Learners can practice what they learn from the unit by listening to the conversations and solving the questions. Learners can understand the contents of the conversation accurately by listening to the conversation and writing down the text.

  Download MP3 file on www.sisabooks.com/hangeulpark

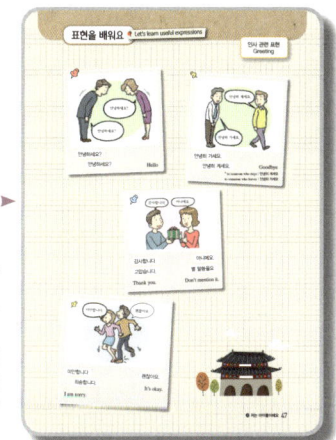

표현을 배워요

Let's learn useful expressions

- 실생활에서 유용하게 쓰이는 표현을 익힐 수 있도록 다양한 표현을 상황을 보여 주는 그림과 함께 제시하였다.

  The various expressions are presented with pictures showing the situations so that learners study useful expressions in their daily lives.

과	제목	시작해요	배워요 1	배워요 2
한글 소개				
1	한글 1			
2	한글 2			
3	한글 3			
4	저는 마이클이에요	나라와 국적	이에요/예요	은/는
5	마이클이 학교에 가요	장소	에 가요/와요	이/가
6	얼마예요?	사물 1	수 1	이거/그거/저거
7	비빔밥 한 그릇 주세요	음식	수 2	개, 병, 잔, 그릇, 인분
8	카즈마 씨는 커피를 좋아해요?	동사 1	–아요/어요	을/를
9	한국어가 재미있어요	형용사	으 탈락	ㅂ 불규칙
10	은행이 어디에 있어요?	사물 2	에 있다	도
11	저는 고기를 안 먹어요	가족	이/가 있다	안
12	이쪽으로 가세요	교통수단	–으세요/세요	으로/로
13	한 시에 점심을 먹어요	동사 2	시간	에
14	전주에서 비빔밥을 먹고 싶어요	여행	에서	–고 싶다
15	금요일부터 일요일까지 여행을 가요	요일	날짜	부터 ~ 까지

말해요	들어요	읽고 써요	표현을 배워요
이름과 국적 말하기	인사하는 대화 듣기	자기소개 글 읽고 쓰기	인사 관련 표현
가는 장소 말하기	가는 장소 묻는 대화 듣기	우리 반 소개 글 읽고 쓰기	서울의 명소
가격 묻고 대답하기	가격 묻고 대답하는 대화 듣기	물건 사는 대화 읽기와 영수증 쓰기	쇼핑 관련 표현
음식 주문하기	음식 주문하는 대화 듣기	음식 주문하는 글 읽기와 주문서 쓰기	음식 관련 표현
일정 말하기	좋아하는 일에 대한 대화 듣기	한국 생활에 대한 글 읽고 쓰기	높임말과 반말
고향에 대해 말하기	한국 생활에 대한 대화 듣기	안부를 묻는 이메일 읽고 답장 쓰기	질병 관련 표현
사물의 위치 말하기	사람의 위치 말하는 대화 듣기	학생회관 소개하는 글 읽고 쓰기	길 찾기 관련 표현
친구에 대해 묻고 대답하기	가족 소개하는 대화 듣기	가족 소개하는 글 읽고 쓰기	전공 관련 표현
길 묻고 대답하기	길 물어보는 대화 듣기	전단지 읽고 쓰기	교통 관련 표현
하루 일과 묻고 대답하기	하루 일과 듣기	하루 일과 읽고 쓰기	시간 관련 표현
여행에서 하고 싶은 일에 대해 말하기	방학 계획에 대한 대화 듣기	여행에 대한 글 읽고 쓰기	여행 관련 표현
주말 활동 묻고 대답하기	방학에 대한 대화 듣기	일주일 생활에 대한 글 읽고 쓰기	주말 활동 관련 표현

Table of Contents

Table of Contents

목 차

Contents

책 속의 책 Pull-out
📖 워크북 Workbook

등장인물

크리스

- Nation 영국
- Gender 남자
- Age 20대
- Job 대학생

링링

- Nation 중국
- Gender 여자
- Age 20대
- Job 대학생

주엔

- Nation 베트남
- Gender 여자
- Age 20대
- Job 대학생

마이클

- Nation 미국
- Gender 남자
- Age 20대
- Job 대학생

나탈리

- Nation 프랑스
- Gender 여자
- Age 20대
- Job 회사원

카즈마

- Nation 일본
- Gender 남자
- Age 20대
- Job 대학생

김서준

- Nation 한국
- Gender 남자
- Age 30대
- Job 회사원

1 한글 창제 Creation of Hangeul

한국의 문자인 '한글'은 1443년 조선의 왕 세종대왕이 학자들과 함께 만들었다. 한글이 창제되기 전에는 오랫동안 중국의 문자인 한자를 사용했다. 그러나 중국의 글자인 한자를 익히는 것은 일반 백성에게는 어려울 뿐만 아니라 우리의 말을 잘 표현할 수도 없었다. 이에 세종대왕은 일반 민중이 쉽게 익힐 수 있는 우리의 글을 만들어 반포하게 되었다.

The Korean character 'Hangeul' was made in 1443 by King Sejong, the King of Joseon, with scholars. Before Hangeul was created, Korea used Chinese characters, for a long time. However, learning Chinese characters was not only difficult for ordinary people but also could not express Korean words well. King Sejong created and proclaimed Korean writings that the general public could easily learn.

② 자음과 모음 Consonants and Vowels

현재 사용되고 있는 글자는 자음이 19개, 모음이 21개로 아래의 표에 설명되어 있다.

Currently used letters are 19 consonants and 21 vowels, which are described in the table below.

▼ 자음 Consonants

글자 letter	ㄱ	ㄴ	ㄷ	ㄹ	ㅁ	ㅂ	ㅅ	ㅇ	ㅈ	ㅎ
음가 sound value	[k/g]	[n]	[t/d]	[r/l]	[m]	[p/b]	[s]	[ø/ŋ]	[ʧ/j]	[h]
글자 letter	ㅋ		ㅌ			ㅍ			ㅊ	
음가 sound value	[kʰ]		[tʰ]			[pʰ]			[ʧʰ]	
글자 letter	ㄲ		ㄸ			ㅃ	ㅆ		ㅉ	
음가 sound value	[k']		[t']			[p']	[s']		[ʧ']	

▼ 모음 Vowels

글자 letter	ㅏ	ㅓ	ㅗ	ㅜ	ㅡ	ㅣ	ㅔ	ㅐ	ㅚ	ㅟ
음가 sound value	[a]	[ə]	[o]	[u]	[ɨ]	[i]	[e]	[ɛ]	[we]	[wi]
글자 letter	ㅑ	ㅕ	ㅛ	ㅠ			ㅖ	ㅒ		
음가 sound value	[ya]	[yə]	[yo]	[yu]			[ye]	[yɛ]		
글자 letter	ㅘ	ㅝ					ㅞ	ㅙ		
음가 sound value	[wa]	[wə]					[we]	[wɛ]		
글자 letter						ㅢ				
음가 sound value						[ɨy]				

❸ 자음과 모음 결합 방식 Way to combine Consonants and Vowels

한국어는 다음과 같은 유형으로 음절을 만든다.

Korean makes syllables of the following types.

❹ 음절의 특성 Character of Syllables

1) 영어, 일본어 등의 언어에서는 자음과 모음을 병렬식으로 표기하지만 한글은 모음을 중심으로 하여 사각형 모양의 음절을 만든다.

   In languages such as English and Japanese, consonants and vowels are expressed in parallel, but Hangeul makes a square-shaped syllable with centered on vowels.

2) 한글의 모음은 자음 옆에 쓰는 모음과 자음 아래쪽에 쓰는 모음이 있다.

   Hangul has a vowel on the side of the consonant and a vowel on the bottom of the consonant.

   *자음 옆에 배치되는 모음 (vertical vowels): ㅏ, ㅑ, ㅓ, ㅕ, ㅣ   예 가, 거

   *자음 아래쪽에 배치되는 모음 (horizontal vowels): ㅗ, ㅛ, ㅜ, ㅠ, ㅡ   예 고, 구

3) 음절은 자음으로 시작해야 한다. 음절이 모음으로 시작되는 경우에는 음가가 없는 자음 'ㅇ'을 써 주어야 한다.

   Syllables must begin with consonants. If the syllable begins with a vowel, it should be written with a consonant 'o' without a sound value.

   예 아, 우, 와

5 음절 결합 Combination of Syllables

	ㄱ	ㄴ	ㄷ	ㄹ	ㅁ	ㅂ	ㅅ	ㅇ	ㅈ	ㅊ	ㅋ	ㅌ	ㅍ	ㅎ
ㅏ	가	나	다	라	마	바	사	아	자	차	카	타	파	하
ㅑ	갸	냐	댜	랴	먀	뱌	샤	야	쟈	챠	캬	탸	퍄	햐
ㅓ	거	너	더	러	머	버	서	어	저	처	커	터	퍼	허
ㅕ	겨	녀	뎌	려	며	벼	셔	여	져	쳐	켜	텨	펴	혀
ㅗ	고	노	도	로	모	보	소	오	조	초	코	토	포	호
ㅛ	교	뇨	됴	료	묘	뵤	쇼	요	죠	쵸	쿄	툐	표	효
ㅜ	구	누	두	루	무	부	수	우	주	추	쿠	투	푸	후
ㅠ	규	뉴	듀	류	뮤	뷰	슈	유	쥬	츄	큐	튜	퓨	휴
ㅡ	그	느	드	르	므	브	스	으	즈	츠	크	트	프	흐
ㅣ	기	니	디	리	미	비	시	이	지	치	키	티	피	히

1. 모음 (1) Vowels (1)

글자 letter	ㅏ	ㅑ	ㅓ	ㅕ	ㅗ	ㅛ	ㅜ	ㅠ	ㅡ	ㅣ
음가 sound value	[a]	[ya]	[ə]	[yə]	[o]	[yo]	[u]	[yu]	[ɨ]	[i]
쓰기 순서 writing order	ㅏ	ㅑ	ㅓ	ㅕ	ㅗ	ㅛ	ㅜ	ㅠ	ㅡ	ㅣ
연습 practice										
음절 syllable	아	야	어	여	오	요	우	유	으	이
음절 연습 syllable practice										

연습 1　듣고 따라 하세요. 🎧 Track 01
Listen and repeat the following syllables.

> 아　야　이　여　오　요　우　유　으　이

연습 2　듣고 따라 하세요. 🎧 Track 02
Listen and repeat the following words.

이 two

오 five

아이 child

우유 milk

한글 1

연습 3 **읽고 쓰세요.**
Read and write the following words.

이			
오			
아이			
우유			

연습 4 **듣고 맞는 음절을 고르세요.** 🎧 Track 03
Listen and choose the correct syllable.

1) ① 아　　② 어　　　　2) ① 오　　② 요

3) ① 야　　② 요　　　　4) ① 우　　② 어

5) ① 으　　② 이

연습 5 **단어를 듣고 쓰세요.** 🎧 Track 04
Listen and write the words.

1)

2)

3)

4)

교환 학생을 위한 기초 한국어

2. 자음 (1) Consonants (1)

글자 letter	ㄱ	ㄴ	ㄷ	ㄹ	ㅁ
음가 sound value	[k/g]	[n]	[t/d]	[r/l]	[m]
쓰기 순서 writing order	ㄱ	ㄴ	ㄷ	ㄹ	ㅁ
연습 practice					

Listen and repeat the following syllables.

	ㅏ	ㅑ	ㅓ	ㅕ	ㅗ	ㅛ	ㅜ	ㅠ	ㅡ	ㅣ
ㄱ	가	갸	거	겨	고	교	구	규	그	기
ㄴ	나	냐	너	녀	노	뇨	누	뉴	느	니
ㄷ	다	댜	더	뎌	도	됴	두	듀	드	디
ㄹ	라	랴	러	려	로	료	루	류	르	리
ㅁ	마	먀	머	며	모	묘	무	뮤	므	미

연습 2   듣고 따라 하세요. 🎧 Track 06

Listen and repeat the following words.

구 nine	나라 country	다리 legs	고기 meat
누나 older sister	어머니 mother	여기요 here	드라마 drama

Tip   When 'ㄱ' comes above a horizontal vowel, the shape is 'ㄱ' (고, 구, 그), but when it comes next to a horizontal vowel, the shape is 'ㄱ' (가, 거, 기).

연습 3 읽고 쓰세요.
Read and write the following words.

구			
나라			
다리			
고기			
누나			
어머니			
여기요			
드라마			

연습 4 듣고 맞는 음절을 고르세요. 🎧 Track 07
Listen and choose the correct syllable.

1) ① 너　　② 누　　　2) ① 두　　② 무

3) ① 보　　② 버　　　4) ① 가　　② 다

5) ① 러　　② 머

연습 5 단어를 듣고 쓰세요. 🎧 Track 08
Listen and write the words.

1) [　　　]

2) [　|　]

3) [　|　]

4) [　|　]

5) [　|　|　]

3. 자음 (2) Consonants (2)

글자 letter	ㅂ	ㅅ	ㅇ	ㅈ
음가 sound value	[p/b]	[s]	[ø/ŋ]	[ʧ/j]
쓰기 순서 writing order	ㅂ	ㅅ	ㅇ	ㅈ
연습 practice				

연습 1 **듣고 따라 하세요.** 🎧 Track 09
Listen and repeat the following syllables.

	ㅏ	ㅑ	ㅓ	ㅕ	ㅗ	ㅛ	ㅜ	ㅠ	ㅡ	ㅣ
ㅂ	바	뱌	버	벼	보	뵤	부	뷰	브	비
ㅅ	사	샤	서	셔	소	쇼	수	슈	스	시
ㅇ	아	야	어	여	오	요	우	유	으	이
ㅈ	자	쟈	저	져	조	죠	주	쥬	즈	지

연습 2 **듣고 따라 하세요.** 🎧 Track 10
Listen and repeat the following words.

두부 tofu

바지 pants

지도 map

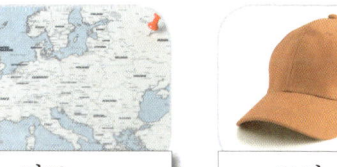
모자 hat

주스 juice

가수 singer

여자 woman

바나나 banana

Tip   '시' and '시' are both proper ways to write 'ㅅ'.
'ㅈ' and 'ㅈ' are both proper ways to write 'ㅈ'.

연습 3 읽고 쓰세요.
Read and write the following words.

두부			
바지			
지도			
모자			
주스			
가수			
여자			
바나나			

연습 4 듣고 맞는 단어를 고르세요. 🎧 Track 11
Listen and choose the correct word.

1) ① 이사 　　② 이자 　　　　2) ① 바다 　　② 사다

3) ① 자수 　　② 자주 　　　　4) ① 수지 　　② 스시

5) ① 비누 　　② 비가

연습 5 단어를 듣고 쓰세요. 🎧 Track 12
Listen and write the words.

1) 　　　　　　　　　　　　2)

3) 　　　　　　　　　　　　4)

5)

1 그림에 맞는 단어를 쓰세요.
Fill in the blanks with the correct word.

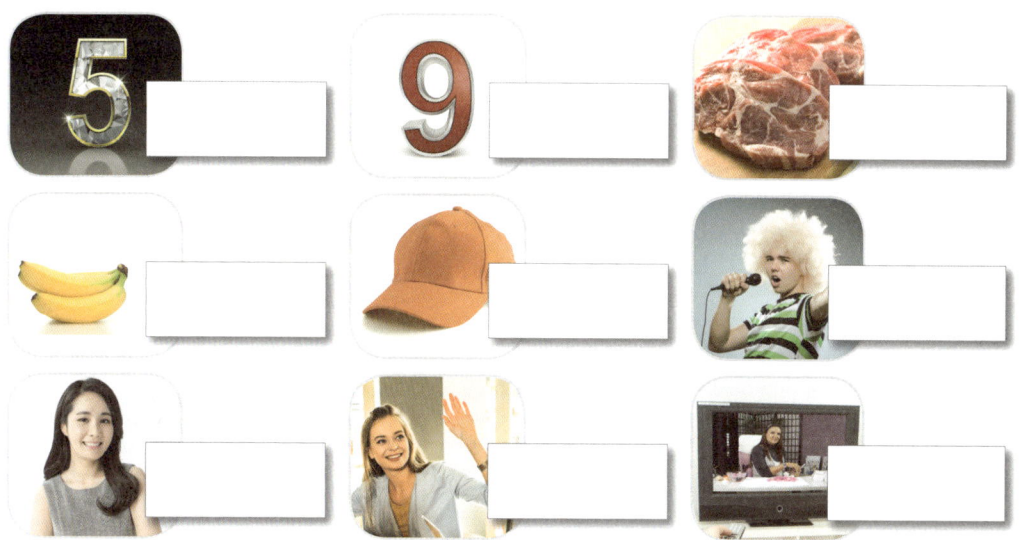

2 다음 단어를 읽으세요. 🎧 Track 13
Read the following words.

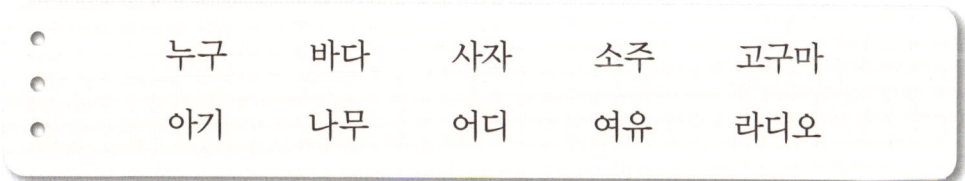

누구	바다	사자	소주	고구마
아기	나무	어디	여유	라디오

3 단어를 듣고 순서대로 선으로 연결하세요. 무슨 그림이에요? 🎧 Track 14
Listen the words and connect them with a straight line. What shape is it?

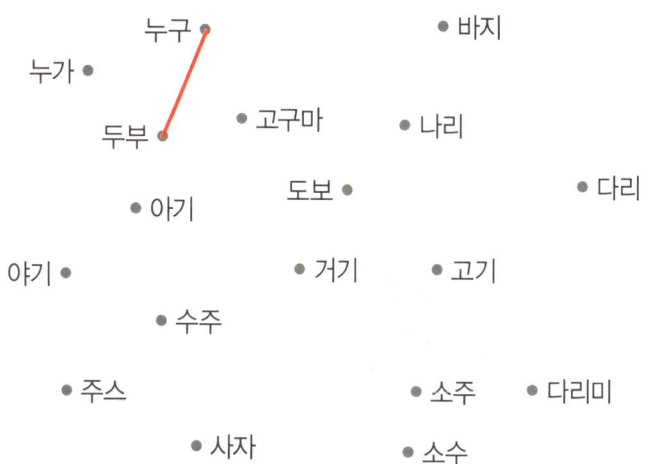

1. 자음 (3) Consonants (3)

글자 letter	ㅊ	ㅋ	ㅌ	ㅍ	ㅎ
음가 sound value	$[t\!f^h]$	$[k^h]$	$[t^h]$	$[p^h]$	$[h]$
쓰기 순서 writing order	ㅊ	ㅋ	ㅌ	ㅍ	ㅎ
연습 practice					

연습 1　듣고 따라 하세요. 🎧 Track 15
Listen and repeat the following syllables.

	ㅏ	ㅑ	ㅓ	ㅕ	ㅗ	ㅛ	ㅜ	ㅠ	ㅡ	ㅣ
ㅊ	차	챠	처	쳐	초	쵸	추	츄	츠	치
ㅋ	카	캬	커	켜	코	쿄	쿠	큐	크	키
ㅌ	타	탸	터	텨	토	툐	투	튜	트	티
ㅍ	파	퍄	퍼	펴	포	표	푸	퓨	프	피
ㅎ	하	햐	허	혀	호	효	후	휴	흐	히

연습 2　듣고 따라 하세요. 🎧 Track 16
Listen and repeat the following words.

표 ticket

치즈 cheese

하나 one

휴지 tissue

코트 coat

치마 skirt

포도 grape

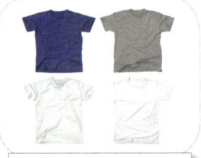
티셔츠 T-shirt

연습 3 읽고 쓰세요.
Write the following words.

표			
치즈			
하나			
휴지			
코트			
치마			
포도			
티셔츠			

연습 4 듣고 맞는 단어를 고르세요. 🎧 Track 17
Listen and choose the correct word.

1) ① 포즈   ② 포도   2) ① 허리   ② 처리

3) ① 차도   ② 타도   4) ① 코피   ② 커피

5) ① 파도   ② 파리

연습 5 단어를 듣고 쓰세요. 🎧 Track 18
Listen and write the words.

1) [|]   2) [|]

3) [|]   4) [|]

5) [|]

Tip 'ㅊ', 'ㅊ' and 'ㅊ' are all proper ways to write 'ㅊ'.
'ㅎ' and 'ㅎ' are both proper ways to write 'ㅎ'.

2. 자음 (4) Consonants (4)

글자 letter	ㄲ	ㄸ	ㅃ	ㅆ	ㅉ
음가 sound value	[k']	[t']	[p']	[s']	[ʧ']
쓰기 순서 writing order	ㄲ	ㄸ	ㅃ	ㅆ	ㅉ
연습 practice					

연습 1   듣고 따라 하세요. 🎧 Track 19
Listen and repeat the following syllables.

Regular	Aspirated	Tense
가	카	까
다	타	따
바	파	빠
사		싸
자	차	짜

연습 2   듣고 따라 하세요. 🎧 Track 20
Listen and repeat the following words.

또 again   써요 write   짜요 salty   오빠 older brother

싸요 cheap   가짜 fake   아저씨 middle-aged man   바빠요 busy

읽고 쓰세요.
Read and write the following words.

또			
써요			
짜요			
오빠			
싸요			
가짜			
아저씨			
바빠요			

연습 4 듣고 맞는 단어를 고르세요. Track 21
Listen and choose the correct word.

1) ① 사요   ② 싸요

2) ① 아파   ② 아빠

3) ① 져요   ② 쪄요

4) ① 고리   ② 꼬리

5) ① 다르다   ② 따르다

연습 5 단어를 듣고 쓰세요. Track 22
Listen and write the words.

1)

2)

3)

4)

5)

한글 2

3. 모음 (2) vowels (2)

글자 letter	ㅐ	ㅒ	ㅔ	ㅖ
음가 sound value	[ɛ]	[yɛ]	[e]	[ye]
쓰기 순서 writing order	ㅐ	ㅒ	ㅔ	ㅖ
연습 practice				
음절 syllable	애	얘	에	예
음절 연습 syllable practice				

연습 1   듣고 따라 하세요. 🎧 Track 23
Listen and repeat the following syllables.

| 애 | 얘 | 에 | 예 |

연습 2   듣고 따라 하세요. 🎧 Track 24
Listen and repeat the following words.

개 dog

가게 store

해요 do

예뻐요 pretty

케이크 cake

주세요 please give me

> **Tip**   'ㅐ' and 'ㅔ' respectively have pronunciations of [ɛ] and [e]. But they are hardly identifiable in everyday life, so, in fact, 'ㅐ' and 'ㅔ' are pronounced the same.

읽고 쓰세요.
Read and write the following words.

개			
가게			
해요			
예뻐요			
케이크			
주세요			

연습 4 **듣고 맞는 단어를 고르세요.** 🎧 Track 25
Listen and choose the correct word.

1) ① 얘기　　　② 요기

2) ① 시계　　　② 세계

3) ① 베개　　　② 베다

4) ① 수기　　　② 세기

연습 5 **단어를 듣고 쓰세요.** 🎧 Track 26
Listen and write the words.

1)

2)

3)

4)

4. 모음 (3) vowels (3)

글자 letter	ㅚ	ㅟ	ㅘ	ㅝ	ㅙ	ㅞ	ㅢ
음가 sound value	[we]	[wi]	[wa]	[wə]	[wɛ]	[we]	[ɨy]
획순 writing order	ㅚ	ㅟ	ㅘ	ㅝ	ㅙ	ㅞ	ㅢ
연습 practice							
음절 syllable	외	위	와	워	왜	웨	의
음절 연습 syllable practice							

연습 1 듣고 따라 하세요. 🎧 Track 27

Listen and repeat the following syllables.

> 외   위   와   워   왜   웨   의

연습 2 듣고 따라 하세요. 🎧 Track 28

Listen and repeat the following words.

회사 company

의사 doctor

사과 apple

과자 snack

쇠고기 beef

매워요 spicy

웨이터 waiter

돼지고기 pork

> **Tip** Although 'ㅚ', 'ㅙ', and 'ㅞ' have subtle differences in pronunciation, they are pronounced the same, in virtually.

읽고 쓰세요.
Read and write the following words.

회사			
의사			
사과			
과자			
쇠고기			
매워요			
웨이터			
돼지고기			

연습 4 　듣고 맞는 단어를 고르세요. 🎧 Track 29
Listen and choose the correct word.

1) ① 화자　　② 회자　　　　2) ① 의자　　② 의사

3) ① 회의　　② 회귀　　　　4) ① 스위스　　② 스웨터

5) ① 추워요　　② 지워요

연습 5 　단어를 듣고 쓰세요. 🎧 Track 30
Listen and write the words.

1) |　|　|　　　　2) |　|　|

3) |　|　|　|

4) |　|　|　|

5) |　|　|　|

1 그림에 맞는 단어를 쓰세요.
Fill in the blanks with the correct word.

2 다음 단어를 읽으세요. 🎧 Track 31
Read the following words.

파도	교회	찌개	최고	테이프
타요	과자	토마토	티셔츠	귀여워요

3 단어를 듣고 순서대로 선으로 연결하세요. 무슨 그림이에요? 🎧 Track 32
Listen the words and connect them with a straight line. What shape is it?

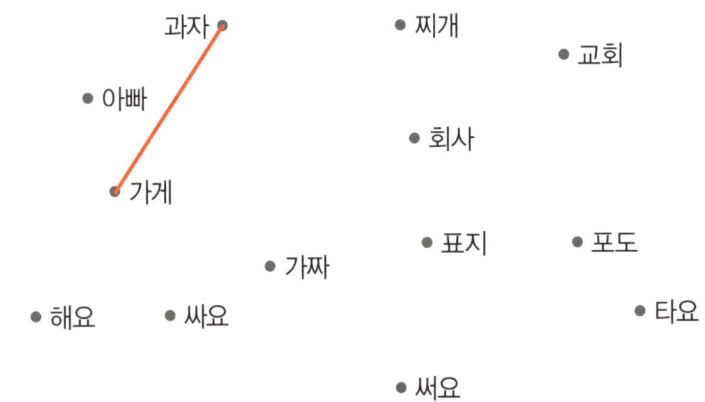

받침 Final Consonants

한글에서는 모든 자음이 받침으로 쓰일 수 있으나 그 소리는 7가지로만 발음한다.

In Hangeul syllables, all consonants can be located at the end of a syllable, but the sound is pronounced only in seven ways.

글자 letter	음가 sound value	예 example
ㄱ ㄲ ㅋ ▶	[ㄱ], [k]	책[책] 부엌[-억] 밖[박]
ㄴ ▶	[ㄴ], [n]	돈[돈]
ㄷ ㅅ ㅈ ㅊ ㅌ ㅎ ㅆ ▶	[ㄷ], [t]	닫다[닫-] 빗[빋] 빛[빋] 빚[빋] 끝[끋] 히읗[-읃] 있다[읻-]
ㄹ ▶	[ㄹ], [l]	물[물]
ㅁ ▶	[ㅁ], [m]	김치[김-]
ㅂ ㅍ ▶	[ㅂ], [p]	입[입], 잎[입]
ㅇ ▶	[ㅇ], [ŋ]	빵[빵]

한글 3

연습 1 듣고 따라 하세요.  Track 33

Listen and repeat the following words.

책 book

밖 outside

부엌 kitchen

돈 money

닫다 close

빗 comb

빚 debt

빛 light

끝 end

히읗 Hieut

있다 have

물 water

김치 Kimchi

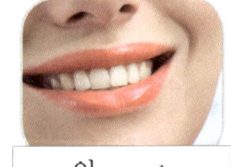

입 mouth

잎 leaf

빵 bread

연습 2 〈보기〉와 같이 음절을 쓰세요.

Complete a syllable as shown in the example.

〈보기〉   ㄱ + ㅏ + ㅇ = 강

ㄱ + ㅗ + ㅇ = 공

1) ㅂ + ㅏ + ㅂ = ☐   2) ㄴ + ㅜ + ㄴ = ☐   3) ㄱ + ㅘ + ㅇ = ☐

4) ㅇ + ㅝ + ㄹ = ☐   5) ㄲ + ㅡ + ㅌ = ☐   6) ㅈ + ㅜ + ㄱ = ☐

읽고 쓰세요.
Read and write the following words.

책			
밖			
부엌			
돈			
닫다			
빗			
빚			
빛			
끝			
히읗			
있다			
물			
김치			
입			
잎			
빵			

연습 4 **듣고 맞는 단어를 고르세요.** 🎧 Track 34
Listen and choose the correct word.

1) ① 곰   ② 공   2) ① 약   ② 양

3) ① 팔   ② 팥   4) ① 끝   ② 끈

5) ① 웃다   ② 울다

연습 5 **단어를 듣고 쓰세요.** 🎧 Track 35
Listen and write the words.

1) [　　　]　　2) [　　　]　　3) [　　　]

4) [　　　]　　5) [　　|　　]　　6) [　　|　　]

연습 6 **다음 단어를 읽으세요.** 🎧 Track 36
Read the following words.

약, 깎다	산, 눈
듣다, 옷, 꽃, 밑	팔, 별, 달
몸, 김밥	집, 앞
공, 강	

연습 7 **단어를 듣고 순서대로 선으로 연결하세요. 무슨 그림이에요?** 🎧 Track 37
Listen the words and connect them with a straight line. What shape is it?

겹자음 Double Final Consonants

모음 아래에 위치한 두 개의 자음을 겹받침이라고 한다. 발음되는 소리는 첫 번째 자음인 경우와 두 번째 자음인 경우가 있다.

The two consonants below the vowel are called concatenations. The sound to be pronounced may be the first consonant or the second consonant.

1. 첫 번째 자음이 발음되는 경우 When the first consonant is pronounced : ㄵ, ㄶ, ㄼ, ㅄ 등

앉다[안-]   많다[만-]   여덟[-덜]   없다[업-]

2. 두 번째 자음이 발음되는 경우 When the second consonant is pronounced : ㄺ, ㄻ 등

닭[닥]   삶[삼]

연음 Linking

1. 앞의 글자가 자음으로 끝나고 뒤의 글자가 모음으로 시작되면, 앞의 글자의 자음이 뒤의 글자의 첫 자음으로 발음된다.

When the preceding letter ends with a consonant and the following letter begins with a vowel, the consonant of the preceding letter is pronounced as the first consonant of the following letter.

한국어 → [한구거]   음악 → [으막]

이름이 → [이르미]   무엇을 → [무어슬]

2. 겹받침은 받침 두 개 중에서 첫 번째 자음은 그 음절에서 발음되고 두 번째 자음은 뒤의 글자의 첫 자음으로 발음된다.

In double final consonant, the first consonant is pronounced in the syllable and the second consonant is pronounced as the first consonant of the following letter.

앉아요 → [안자요]   읽어요 → [일거요]

1   다음 단어를 읽어 보세요.
Read the following words.

1)

2)

2 다음 문장을 읽으세요. 🎧 Track 38

Read the following sentences.

쓰세요

들으세요

읽으세요

따라 하세요

알겠어요?

질문 있어요?

네

아니요

MEMO

제 4 과   저는 마이클이에요

시작해요 <u>Let's begin with the vocabulary</u>

1 다음을 읽으세요. Read the following words.

🔸 **나라 Nations**

한국 Korea   중국 China   일본 Japan   미국 U.S.A.

프랑스 France   독일 Germany   영국 U.K.   호주 Australia

🔸 **국적 Nationalities**

한국 사람 Korean

미국 사람 American

2 〈보기〉와 같이 빈칸에 알맞은 말을 쓰세요. Fill in the blanks with the proper words.

〈보기〉 한국 사람

1)

2)

3)

4)

5)

1. 이에요/예요

Ⓐ 중국 사람**이에요**?

Ⓑ 네, 중국 사람**이에요**.

예	Noun ending with a consonant + 이에요	Noun ending with a vowel + 예요
	책**이에요**.	김치**예요**.
	학생**이에요**.	친구**예요**.

연습 1 **'이에요/예요'를 사용해서 문장을 완성하세요.**
Complete each sentence using '이에요/예요'.

1. 한국_____.   2. 한국 사람_____.

3. 제니퍼_____.   4. 책_____.

연습 2 **〈보기〉와 같이 말하세요.**
Create a dialogue for each picture as shown in the example.

〈보기〉

Ⓐ 미국 사람이에요?

Ⓑ 네, 미국 사람이에요.

①  ②  ③  ④

① 일본 사람   ② 프랑스 사람   ③ 독일 사람   ④ 베트남 사람

Language focus

'이에요/예요' is sentence ending used to express the character or state of the subject in a sentence. '이에요/예요' is attached to a noun. When the noun ends with a consonant, use '이에요'. When the noun ends with a vowel, use '예요'.

책 book   **학생** student   **친구** friend   **베트남** Vietnam

2. 은/는

저는 마이클이에요.
제 이름은 마이클이에요.

예	Noun ending with a consonant + 은	Noun ending with a vowel + 는
	이것은 사과예요.	저는 학생이에요
	마이클은 미국 사람이에요.	카즈마는 일본 사람이에요.

연습 1 '은/는'을 사용해서 문장을 완성하세요.
Complete each sentence using '은/는'.

1. 링링____ 학생이에요.

2. 제 이름____ 카즈마예요.

3. 저____ 일본 사람이에요.

4. 크리스____ 영국 사람이에요.

연습 2 〈보기〉와 같이 말하세요.
Create sentences for each picture as shown in the example.

〈보기〉

링링 / 중국 사람

Ⓐ 저는 링링이에요.
저는 중국 사람이에요.

①

김서준 / 한국 사람

②

나탈리 / 프랑스 사람

③

카즈마 / 일본 사람

④

크리스 / 영국 사람

Language focus

'은/는' is a marker that is attached to a noun to indicate the subject or topic of a sentence. When the noun ends with a consonant, use '은'. When the noun ends with a vowel, use '는'.

저 I   제 my   이름 name   이것 this one

말해요   Let's speak

🎤 **다음을 따라 하세요.** 🎧 Track 39
Read the following conversation.

〈보기〉

Ⓐ 안녕하세요? 저는 링링이에요.

Ⓑ 안녕하세요? 저는 크리스예요.

Ⓐ 크리스 씨는 어느 나라 사람이에요?

Ⓑ 저는 영국 사람이에요.
   링링 씨는 어느 나라 사람이에요?

Ⓐ 저는 중국 사람이에요. 반가워요.

Ⓑ 반가워요.

연습 **〈보기〉와 같이 친구와 말하세요.**
Create dialogues with your classmates as shown in the example above.

	이름 name	국적 nationality
〈보기〉	링링	중국 사람
① 친구 1	크리스	영국 사람
② 친구 2		
③ 친구 3		
④ 친구 4		

씨 Mr./Ms.   **어느** which   **나라** country   **반가워요** nice to meet you

들어요   <u>Let's listen</u>

1   **다음을 듣고 질문에 답하세요.** 🎧 Track 40
Listen carefully and answer the questions.

    1) 남자의 이름은 무엇이에요?
      What is the name of the man?

      ① 서연   ② 서준   ③ 여준

    2) 남자는 어느 나라 사람이에요?
      Where is the man from?

      ①    ②    ③

    3) 여자는 어느 나라 사람이에요?
      Where is the woman from?

      ①    ②    ③

2   **다시 듣고 빈칸에 알맞은 말을 쓰세요.**
Listen again and fill in the blanks.

      A : 안녕하세요? 저는 _____이에요.

      B : 네, _____? 저는 나탈리예요.

      A : 나탈리 씨는 _____ 사람이에요?

      B : 저는 _____ 사람이에요. 서준 씨는 어느 나라 사람이에요?

      A : 저는 _____ 사람이에요. _____.

      B : 반가워요.

1 다음을 읽고 질문에 답하세요.
Read the following passage and answer the questions.

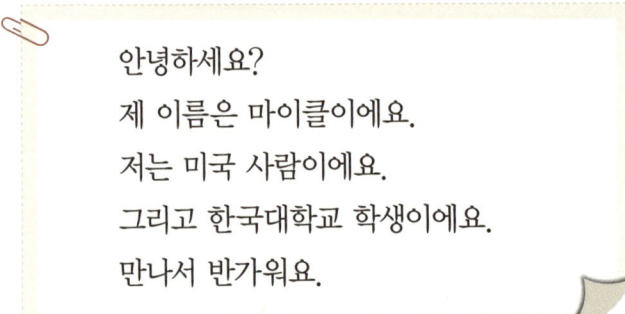

안녕하세요?
제 이름은 마이클이에요.
저는 미국 사람이에요.
그리고 한국대학교 학생이에요.
만나서 반가워요.

1) 이 사람은 이름이 뭐예요? What is the name of this person?

2) 읽은 내용과 같으면 O, 다르면 X 하세요. Mark true or false using O, X.
　① 마이클은 한국 사람이에요. 　 (　　　)
　② 마이클은 대학교 학생이에요. (　　　)

2 위 글처럼 자기소개의 글을 쓰세요.
Write your self-introduction passage as shown above.

그리고 and 　 **대학교** university 　 **만나서 반가워요** nice to meet you

인사 관련 표현
Greeting

안녕하세요?

안녕하세요?

Hello

안녕히 가세요.

안녕히 계세요.

Goodbye

* to someone who stays : 안녕히 계세요
to someone who leaves : 안녕히 가세요

감사합니다.

고맙습니다.

아니에요.

별말씀을요.

Thank you.

Don't mention it.

미안합니다.

죄송합니다.

괜찮아요.

It's okay.

I am sorry.

제5과

마이클이 학교에 가요

학습 내용

	시작해요	장소
	배워요 1	에 가요/와요
	배워요 2	이/가
	말해요	가는 장소 말하기
	들어요	가는 장소 묻는 대화 듣기
	읽고 써요	우리 반 소개 글 읽고 쓰기
	표현을 배워요	서울의 명소

1   다음을 읽으세요. Read the following words.

학교 school	집 house	식당 restaurant	공원 park	교실 classroom
시장 market	커피숍 coffee shop	은행 bank	도서관 library	약국 pharmacy

2   〈보기〉와 같이 빈칸에 알맞은 말을 쓰세요. Fill in the blanks with the proper word.

〈보기〉 커피숍

1)

2)

3)

4)

5)

1. 에 가요/와요

Ⓐ 어디에 가요?

Ⓑ 학교에 가요.

예	에 가요	에 와요
	학교에 가요	집에 와요
	은행에 가요	한국에 와요

연습 1 '에 가요/와요'를 사용해서 문장을 완성하세요.
Complete each sentence using '에 가요/와요'.

1. 커피숍_____.
2. 교실_____.
3. 공원_____.
4. 도서관_____.

연습 2 〈보기〉와 같이 말하세요. Create a dialogue for each picture as shown in the example.

〈보기〉

Ⓐ 마이클 씨, 어디에 가요?

Ⓑ 회사에 가요.

①  서점

②  약국

③  도서관

④  화장실

Language focus

'에 가요/와요' are attached to a noun to denote the direction or destination of an action. '에 가요' means 'go to' and '에 와요' means 'come to'. Therefore, they follow a noun indicating a place.

어디 where   **서점** bookstore   **화장실** toilet

2. 이/가

Ⓐ 누가 학교에 가요?

Ⓑ 마이클**이** 학교에 가요.

예	Noun ending with a consonant + 이	Noun ending with a vowel + 가
	학생**이** 교실에 가요.	크리스**가** 시장에 가요.
	링링**이** 회사에 가요.	친구**가** 커피숍에 가요.

연습 1 '이/가'를 사용해서 문장을 완성하세요.
Complete each sentence using '이/가'.

1. 제니퍼＿＿＿ 도서관에 가요.　　2. 줄리앙＿＿＿ 서점에 가요.

3. 오빠＿＿＿ 집에 와요.　　　　　4. 선생님＿＿＿ 교실에 와요.

연습 2 〈보기〉와 같이 말하세요.
Create a dialogue for each picture as shown in the example.

〈보기〉

주엔 / 시장

Ⓐ 누가 시장에 가요?
Ⓑ 주엔이 시장에 가요.

①

서준 / 공원

②

마이클 / 식당

③

크리스 / 학교

④

나탈리 / 은행

Language focus

'이/가' is a marker that is attached to a noun to indicate the subject of a sentence. When the noun ends with a consonant, use '이'. When the noun ends with a vowel, use '가'.

누가 who　　**선생님** teacher

🎙 **다음을 따라 하세요.** 🎧 Track 41
Read the following conversation.

<보기>

Ⓐ 안녕하세요?
Ⓑ 네, 안녕하세요?
Ⓐ **나탈리** 씨, 어디에 가요?
Ⓑ **커피숍**에 가요. **크리스** 씨는요?
Ⓐ 저는 **은행**에 가요.
Ⓑ 안녕히 가세요.
Ⓐ 안녕히 가세요.

연습 **<보기>와 같이 친구와 말하세요.**
Create dialogues with your classmates as shown in the example above.

	이름 name	장소 place
<보기>	나탈리	커피숍
① 친구 1	크리스	은행
② 친구 2		
③ 친구 3		
④ 친구 4		

안녕히 가세요 Good bye

들어요 — Let's listen

1 다음을 듣고 질문에 답하세요. 🎧 Track 42
Listen carefully and answer the questions.

1) 여자는 어디에 가요?
Where is the woman going?

① 　② 　③

2) 남자는 어디에 가요?
Where is the man going?

① 　② 　③

3) 누가 식당에 와요?
Who's coming to the restaurant?

① 선생님　　　　② 친구　　　　③ 오빠

2 다시 듣고 빈칸에 알맞은 말을 쓰세요.
Listen again and fill in the blanks.

A : 마이클 씨, 안녕하세요?

B : 네, 안녕하세요? 주엔 씨, _____?

A : 저는 _____. 친구가 식당에 와요.

　　마이클 씨는 어디에 가요?

B : 저는 _____.

A : 안녕히 가세요.

1　다음을 읽고 질문에 답하세요.
Read the following passage and answer the questions.

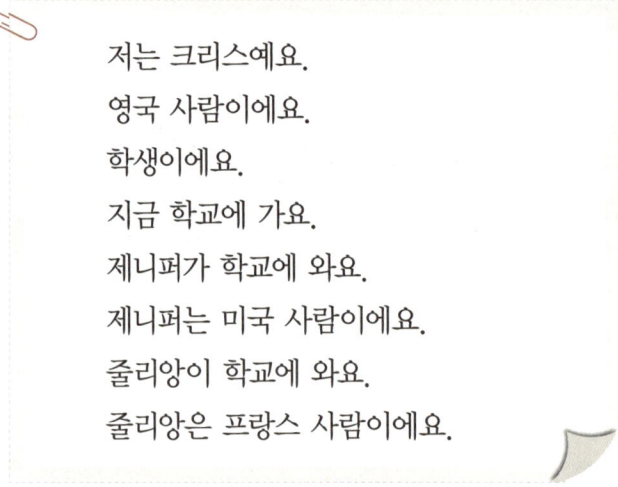

> 저는 크리스예요.
> 영국 사람이에요.
> 학생이에요.
> 지금 학교에 가요.
> 제니퍼가 학교에 와요.
> 제니퍼는 미국 사람이에요.
> 줄리앙이 학교에 와요.
> 줄리앙은 프랑스 사람이에요.

1) 누가 학교에 와요? <u>모두</u> 고르세요. Who is coming to school? Select <u>all</u>.

① 제니퍼　　　　　　② 마코　　　　　　③ 줄리앙

2) 읽은 내용과 같으면 O, 다르면 X 하세요. Mark true or false using O, X.

① 제니퍼는 프랑스 사람이에요. (　　　)

② 크리스는 선생님이에요. 　　(　　　)

2　우리 반 친구들을 소개하는 글을 쓰세요.
Write a passage that introduces your classmates.

> ○
> ○
> ○
> ○
> ○

지금 now

서울의 명소
Sight of Seoul

신촌

명동

동대문 시장

도봉구
강북구
노원구
은평구
성북구
중랑구
서대문구
종로구
동대문구
강서구
마포구
중구
성동구
광진구
강동구
양천구
영동포구
용산구
동작구
송파구
구로구
관악구
서초구
강남구
금천구

이태원

강남

제6과 얼마예요?

학습 내용

	시작해요	사물 1
	배워요 1	수 1
	배워요 2	이거/그거/저거
	말해요	가격 묻고 대답하기
	들어요	가격 묻고 대답하는 대화 듣기
	읽고 써요	물건 사는 대화 읽기와 영수증 쓰기
	표현을 배워요	쇼핑 관련 표현

시작해요 Let's begin with the vocabulary

1 다음을 읽으세요. Read the following words.

🔖 **사물 1 Goods 1**

공책
notebook

연필
pencil

볼펜
ballpoint pen

핸드폰
mobile phone

가방 bag

지갑 wallet

책상 desk

의자 chair

2 〈보기〉와 같이 빈칸에 알맞은 말을 쓰세요. Fill in the blanks with the proper words.

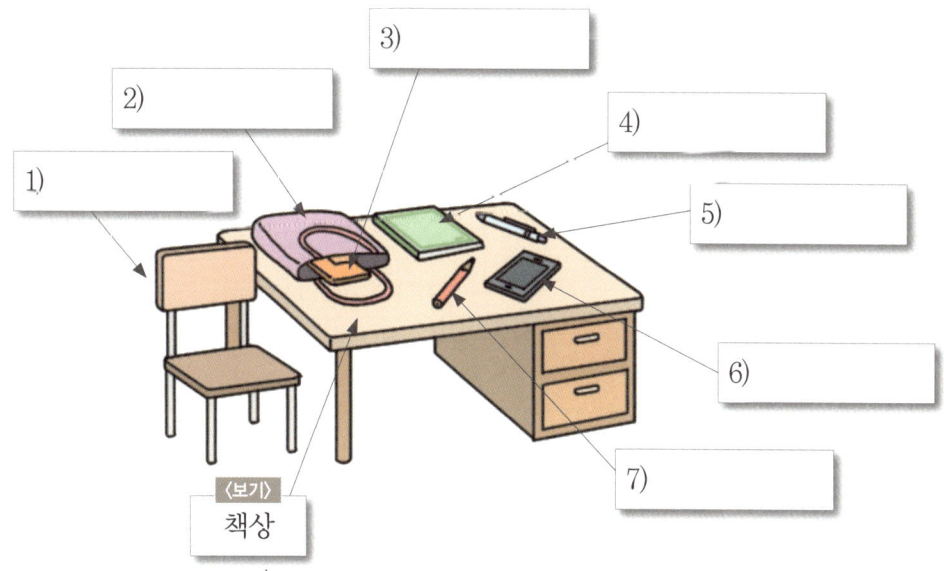

1)

2)

3)

4)

5)

6)

7)

〈보기〉
책상

1. 수 1

0	1	2	3	4	5	6	7	8	9	10
영, 공	일	이	삼	사	오	육	칠	팔	구	십
11	12	13	14	15	16	17	18	19	20	
십일	십이	십삼	십사	십오	십육	십칠	십팔	십구	이십	

100	1,000	10,000	100,000
백	천	만	십만

연습 1 〈보기〉처럼 숫자를 쓰세요. Write the numbers in Korean as shown in the example.

〈보기〉

29,825	2(이) 9(구), 8(팔) 2(이) 5(오)
	↓ ↓ ↓ ↓
	만 천 백 십
	이만 구천 팔백 이십 오

1. 150 _____   2. 500 _____

3. 3,400 _____   4. 57,892 _____

연습 2 〈보기〉와 같이 말하세요. Create a dialogue as shown in the example.

〈보기〉

₩ 500

Ⓐ 얼마예요?

Ⓑ 오백 원이에요.

①

₩ 6,500

②

₩ 34,000

③

₩ 50,300

Language focus

Sino−Korean numbers are used for reading numbers (eg. price, date, minute, phone number, etc.) while the native Korean numbers are used to count things or people.

얼마예요? how much is it?   원 (₩) monetary unit of Korea

2. 이거/그거/저거

Ⓐ **이거**는 뭐예요?

Ⓑ 바지예요.

예	이거, 그거, 저거(demonstrative pronoun)	이, 그, 저(demonstrative adjective)
	이거는 가방이에요.	**이** 책이 제 책이에요.
	그거는 만 원이에요.	**그** 가방이 링링 씨 가방이에요.

연습 1 '이거', '그거', '저거'를 사용해서 문장을 완성하세요.
Complete each conversation using '이거', '그거', '저거'.

1. Ⓐ _____는 뭐예요? Ⓑ 연필이에요.

2. Ⓐ _____는 뭐예요? Ⓑ 책이에요.

3. Ⓐ _____는 뭐예요? Ⓑ 공책이에요.

연습 2 〈보기〉와 같이 말하세요. Create a dialogue as shown in the example.

④ 바지 ⑤ 코트 〈보기〉 한복 ① 티셔츠 ② 모자 ③ 치마

Ⓐ 이거는 뭐예요?

Ⓑ 한복이에요.

Language focus

'이거' is used to point at the thing close to the speaker. '그거' is used to point at the thing close to the listener. '저거' is used to point at the thing away from both the speaker and the listener. '이', '그', '저' are demonstrative adjectives that are always followed by a noun. '이 가방' is 'this bag', '그 가방' is 'that bag', and '저 가방' is 'the bag over there'.

뭐(=무엇) what   한복 Korean traditional cloth

말해요 　Let's speak

🎤 **다음을 따라 하세요.** 🎧 Track 43
Read the following conversation.

〈보기〉

Ⓐ 안녕하세요? 이 **사과**는 얼마예요?
Ⓑ **천 원**이에요.
Ⓐ 그 **바나나**는 얼마예요?
Ⓑ **사천 원**이에요.
Ⓐ 저 **포도**는 얼마예요?
Ⓑ **삼천 원**이에요.

연습 　〈보기〉와 같이 친구와 말하세요.
Create dialogues with your classmates as shown in the example above.

①

② 　　③

컵라면 cup ramen　**핫도그** hot dog　**김밥** Gimbap

들어요 　Let's listen

1　다음을 듣고 질문에 답하세요. 　🎧 Track 44
Listen carefully and answer the questions.

1) 가방은 얼마예요? How much is the bag?

　① 3,000원　　　　　　② 30,000원　　　　　　③ 300,000원

2) 바지는 얼마예요? How much is the pants?

　① 15,000원　　　　　　② 20,000원　　　　　　③ 25,000원

3) 가방, 바지, 티셔츠는 어디에 있어요? 〈보기〉와 같이 빈칸에 쓰세요.
Where are the bag, the pants, and the T-shirt placed? Fill in the blanks as shown in the example.

2　다시 듣고 빈칸에 알맞은 말을 쓰세요.
Listen again and fill in the blanks.

A : 안녕하세요? 이 가방이 _____?

B : _____ 원이에요.

A : 저 바지는 얼마예요?

B : _____ 원이에요.

A : _____ 얼마예요?

B : 이만 원이에요.

1 다음을 읽고 맞는 그림과 연결하세요.
Read the conversations and connect with the correct picture.

1) A : 이 과자는 얼마예요?
B : 삼천 원이에요.
A : 저 우유는요?
B : 이천 원이에요.

 ⓐ

2) A : 김밥은 얼마예요?
B : 육천 원이에요.
A : 핫도그는 얼마예요?
B : 칠천 원이에요.

 ⓑ

3) A : 이거는 뭐예요?
B : 그거는 바나나 케이크예요.
A : 저거는 뭐예요?
B : 저거는 치즈 케이크예요.

 ⓒ

2 다음 대화의 주문 내용을 영수증에 쓰세요.
Read the following passage and fill in the blanks accordingly.

Ⓐ 안녕하세요?
Ⓑ 네, 안녕하세요?
Ⓐ 김밥은 얼마예요?
Ⓑ 삼천 원이에요.
Ⓐ 핫도그는 얼마예요?
Ⓑ 사천 원이에요.
Ⓐ 김밥, 핫도그 주세요.

○　영수증　○
Receipt

품목 Items	수량 Quantity	가격 Price
김밥	1	1) ₩
핫도그	1	2) ₩

쇼핑 관련 표현
Shopping

어서 오세요.
Welcome in.

너무 비싸요. 좀 깎아 주세요.
That is too expensive,
please give me a discount.

그냥 좀 볼게요.
I am just looking around.

다른 거 없어요?
Do you have
anything else?

환불해 주세요.
Can I get a refund?

제 7 과   비빔밥 한 그릇 주세요

시작해요 Let's begin with the vocabulary

1 다음을 읽으세요. Read the following words.

🍴 **음식 Food**

불고기
Bulgogi

삼겹살
Korean style bacon

자장면
black noodle

냉면
cold noodle

비빔밥
Bibimbap

김치찌개
Kimchi stew

순두부찌개
soft tofu stew

떡볶이
stir-fried rice cake

🍴 **음료 Drinks**

커피 coffee

콜라 cola

녹차 green tea

사이다 clear soda

2 〈보기〉와 같이 빈칸에 알맞은 말을 쓰세요. Fill in the blanks with the proper words.

〈보기〉

A : 뭐 드릴까요?
B : 커피 주세요.

1)

A : 뭐 드릴까요?
B : _____ 주세요.

2)

A : 뭐 드릴까요?
B : _____ 주세요.

3)

A : 뭐 드릴까요?
B : _____ 주세요.

뭐 드릴까요? What would you like to have?

1. 수 2

가방 **하나**   사과 **둘**   의자 **셋**

1	2	3	4	5	6	7	8	9	10
하나	둘	셋	넷	다섯	여섯	일곱	여덟	아홉	열

연습 1 다음 숫자를 한국어로 쓰세요. Write the numbers in Korean.

〈보기〉	1	2	3	4	5	6	7	8	9	10
	하나									

연습 2 〈보기〉와 같이 말하세요.
Create a dialogue as shown in the example.

〈주문서〉

메뉴	수량
〈보기〉 비빔밥	1
① 불고기	2
② 김치찌개	5
③ 김밥	3
④ 냉면	4

〈보기〉

Ⓐ 뭐 드릴까요?

Ⓑ 비빔밥 하나 주세요.

Language focus

'하나, 둘, 셋, 넷 ……' are numbering systems of Korean. They are used when counting people or objects in Korean.

배워요 2 Let's learn grammar and expression 2

2. 개, 병, 잔, 그릇, 인분

사과 한 **개**　　맥주 두 **병**　　커피 세 **잔**　　자장면 네 **그릇**　　삼겹살 오 **인분**

예　사과 두 **개**, 소주 세 **병**, 녹차 네 **잔**, 비빔밥 다섯 **그릇**, 불고기 육 **인분**

연습 1　다음에 맞는 단위 명사를 골라 쓰세요. Choose the correct unit counter and fill in the blanks.

〈보기〉　　　　　그릇　　병　　인분　　잔

1. 녹차 세 (　　)　　2. 소주 두 (　　)　　3. 비빔밥 한 (　　)　　4. 삼겹살 삼 (　　)

연습 2　〈보기〉와 같이 말하세요. Create a dialogue for each picture as shown in the example.

〈보기〉

불고기 2　　냉면 1

Ⓐ 어서 오세요. 뭐 드릴까요?
Ⓑ 불고기 **이 인분**하고 냉면 **한 그릇** 주세요.

①  　② 　③ 　④

자장면 1　콜라 2　　빵 1　커피 1　　삼겹살 4　맥주 1　　사이다 1　갈비 3

Language focus

When counting objects, different words indicating the unit are used. The word '개' is used for counting objects, '병' for bottles, '잔' for cups, '그릇' for bowls, '인분' for portion.

1개	2개	3개	4개	5개	6개	7개	8개	9개	10개
한 개	두 개	세 개	네 개	다섯 개	여섯 개	일곱 개	여덟 개	아홉 개	열 개

맥주 beer　**소주** Korean distilled spirits　**어서 오세요** welcome　**하고** and　**갈비** rib

말해요 └ Let's speak

🎤 **다음을 따라 하세요.** 🎧 Track 45
Read the following conversation.

〈보기〉

냉면 2

삼겹살 4

맥주 2

Ⓐ 여기요.
Ⓑ 네, 뭐 드릴까요?
Ⓐ **삼겹살 사 인분**하고 **냉면 두 그릇** 주세요.
Ⓑ 네, 알겠습니다.
Ⓐ 그리고 **맥주 두 병** 주세요.
Ⓑ 잠깐만 기다리세요.

연습 〈보기〉와 같이 친구와 말하세요.
Creat a dialogue with your classmates as shown in the example above.

①

사이다 3

불고기 5

비빔밥 3

②

떡볶이 2

자장면 6

소주 3

③

주스 5

갈비 4

비빔밥 1

④

빵 7

햄버거 2

콜라 4

알겠습니다 I see   **잠깐만 기다리세요** wait a minute   **햄버거** hamburger

들어요 — Let's listen

1 다음 세 개의 대화를 듣고 질문에 답하세요. 🎧 Track 46
Listen to the three conversations and answer the questions.

1) 손님은 무엇을 주문했어요? What did the customer order?

① 　② 　③

2) 손님은 무엇을 주문했어요? What did the customer order?

① 삼겹살 5인분　　　② 삼겹살 4인분　　　③ 삼겹살 3인분

3) 손님은 무엇을 주문했어요? What did the customer order?

① 　② 　③

2 다시 듣고 빈칸에 알맞은 말을 쓰세요. Listen again and fill in the blanks.

1)　A : 뭐 드릴까요?

　　B : _____ 주세요.

2)　A : 어서 오세요. 뭐 드릴까요?

　　B : 삼겹살 _____ 주세요.

3)　A : 여기요. _____ 하고 _____ 주세요.

　　B : 네, 잠깐만 기다리세요.

1 다음 글을 읽고 맞는 그림과 연결하세요.
Read the conversation and connect with the correct picture.

1)
A : 뭐 드릴까요?
B : 불고기 삼 인분하고 냉면 두 그릇
　　주세요.
A : 네, 알겠습니다.
B : 그리고 맥주 두 병 주세요.
A : 잠깐만 기다리세요.

•   • ⓐ

2)
A : 어서 오세요.
　　뭐 드릴까요?
B : 비빔밥 두 그릇하고 냉면 한 그릇
　　주세요.
A : 네, 알겠습니다.
B : 그리고 콜라 세 잔 주세요.
A : 잠깐만 기다리세요.

•   • ⓑ

3)
A : 여기요.
B : 네, 뭐 드릴까요?
A : 떡볶이 이 인분하고 햄버거 두 개
　　주세요.
B : 네, 알겠습니다.
A : 그리고 주스 네 잔 주세요.

•   • ⓒ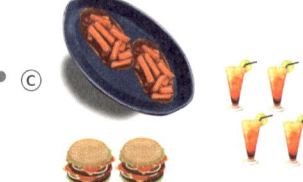

2 다음 대화를 읽고 주문서를 쓰세요.
Read the conversation and fill in the blanks accordingly.

Ⓐ 여기요.

Ⓑ 네, 뭐 드릴까요?

Ⓐ 삼겹살 넷하고 냉면 둘 주세요.

Ⓑ 네, 알겠습니다.

Ⓐ 그리고 맥주 셋 주세요.

Ⓑ 잠깐만 기다리세요.

〈주문서〉

메뉴 Menu	수량 Quantity
〈보기〉 삼겹살	사 인분
1)	2)
3)	4)

음식 관련 표현
Food

여기 있어요.

Here it is.

반찬 좀 더 주세요.

Can I get some more side dish?

매워요? 맵지 않게 해 주세요.

Is it spicy? Could you make it less spicy?

물은 셀프예요.

Water is self-served.

맛있어요.   맛없어요.

It's tasty.   It's not tasty.

제**8**과 카즈마 씨는 커피를 좋아해요?

학습 내용

VOCA	시작해요	동사 1
	배워요 1	–아요/어요
	배워요 2	을/를
	말해요	일정 말하기
	들어요	좋아하는 일에 대한 대화 듣기
	읽고 써요	한국 생활에 대한 글 읽고 쓰기
	표현을 배워요	높임말과 반말

72 교환 학생을 위한 기초 한국어

1 다음을 읽으세요. Read the following words.

📌 **동사 1 Verbs 1**

사다 to buy

만나다 to meet

보다 to see

먹다 to eat

마시다 to drink

읽다 to read

공부하다 to study

쇼핑하다 to shop

좋아하다 to like

2 〈보기〉와 같이 빈칸에 알맞은 말을 쓰세요. Fill in the blanks with the proper words.

〈보기〉
쇼핑하다

1)

_____

2)

_____

3)

_____

4)

_____

5)

_____

1. -아요/어요

Ⓐ 운동해요?

Ⓑ 네, 운동해요.

예	-아요(ㅏ, ㅗ)		-어요(other than ㅏ, ㅗ)		-해요(-하다)
	앉다 → 앉아요	먹다 → 먹어요	배우다 → 배워요	공부하다 → 공부해요
	가다 → 가요	읽다 → 읽어요	마시다 → 마셔요	운동하다 → 운동해요
	보다 → 봐요	서다 → 서요	쉬다 → 쉬어요	좋아하다 → 좋아해요

연습 1 '-아요/어요'를 사용해서 동사를 바꾸세요.
Change each verb using '-아요/어요'.

1. 앉다 _____

2. 만나다 _____

3. 먹다 _____

4. 공부하다 _____

연습 2 〈보기〉와 같이 말하세요.
Create a dialogue for each picture as shown in the example.

〈보기〉

Ⓐ 읽어요?

Ⓑ 네, 읽어요.

①

쇼핑하다

②

만나다

③

먹다

④

마시다

Language focus

'-아요/어요' are attached to the verb or adjective stem to describe or ask about an action or a state. '-아요' is used when the vowel of the ending syllable of the verb or adjective stem is 'ㅏ, ㅗ, ㅑ, ㅛ', and '-어요' is used when the vowel is not 'ㅏ, ㅗ, ㅑ, ㅛ'. When the verb or adjective ends with '하다', '하다' turns into '해요'.

운동하다 to exercise   **앉다** to sit   **서다** to stand   **쉬다** to take a rest   **배우다** to learn

2. 을/를

Ⓐ 주엔이 무엇을 해요?

Ⓑ 책을 읽어요.

예	Noun ending with a consonant + 을	Noun ending with a vowel + 를
	마이클이 책을 읽어요.	크리스가 친구를 만나요.
	주엔이 빵을 먹어요.	나탈리가 영화를 좋아해요.

연습 1 '을/를'을 사용해서 문장을 완성하세요.
Complete each sentence using '을/를'.

1. 링링이 선생님__ 만나요.   2. 마이클이 책__ 읽어요.

3. 카즈마가 커피__ 마셔요.   4. 주엔이 한국어__ 공부해요.

연습 2 〈보기〉와 같이 말하세요.
Create a dialogue for each picture as shown in the example.

〈보기〉

Ⓐ 마이클이 무엇을 해요?

Ⓑ 커피를 마셔요.

마이클/커피/마시다

②

③

④

서준/드라마/보다   나탈리/한국어/공부하다   카즈마/친구/만나다   크리스/비빔밥/먹다

Language focus

'을/를' is a marker that is attached to a noun to indicate the object of a sentence. When the noun ends with a consonant, use '을'. When the noun ends with a vowel, use '를'.

영화 movie

말해요 | Let's speak

🎤 **다음을 따라 하세요.** 🎧 Track 47
Read the following conversation.

〈보기〉

Ⓐ **카즈마** 씨, 내일 무엇을 해요?

Ⓑ **커피숍**에 가요. **커피를 마셔요.**

Ⓐ 아, 그래요? **카즈마** 씨는 **커피를 좋아해요?**

Ⓑ 네, 저는 **커피를 좋아해요.**
   주엔 씨는 내일 무엇을 해요?

Ⓐ **도서관**에 가요. **책을 읽어요.**

연습 〈보기〉와 같이 친구와 말하세요.
Create dialogues with your classmates as shown in the example above.

	이름 name	활동 activity
〈보기〉	카즈마	커피숍 / 커피 / 마시다
① 친구 1	주엔	도서관 / 책 / 읽다
② 친구 2		
③ 친구 3		
④ 친구 4		

내일 tomorrow   **그래요?** Is that so?

들어요 __Let's listen

1 다음을 듣고 질문에 답하세요. 🎧 Track 48
Listen carefully and answer the questions.

1) 남자는 내일 무엇을 해요?
   What is the man going to do tomorrow?

   ① 　② 　③

2) 여자는 내일 무엇을 해요?
   What is the woman going to do tomorrow?

   ① 　② 　③

3) 여자는 내일 어디에 가요?
   Where is the woman going tomorrow?

   ① 시장　　　　② 도서관　　　　③ 공원

2 다시 듣고 빈칸에 알맞은 말을 쓰세요.
Listen again and fill in the blanks.

A : 서준 씨, 내일 무엇을 해요?

B : _____ 에 가요. 운동해요.

　　저는 _____.

A : 아, 그래요?

B : 주엔 씨는 내일 무엇을 해요?

A : 저는 친구를 _____. _____ 에 가요. _____.

읽고 써요 Let's read and write

1 다음을 읽고 질문에 답하세요.
Read the following passage and answer the questions.

> 여기는 교실이에요. 카즈마는 아메리카노를 마셔요. 커피를 좋아해요. 링링은 책을 읽어요. 한국어 책이에요. 나탈리는 김밥을 먹어요. 주엔은 영화를 봐요. 저는 우리 반 친구를 좋아해요.

1) 여기는 어디예요? Where is this story taking place?

_____

2) 맞는 내용과 연결하세요. Connect each person with the corresponding activity.

① 카즈마 ●   ● ⓐ 커피를 마셔요

② 링링 ●   ● ⓑ 김밥을 먹어요

③ 나탈리 ●   ● ⓒ 책을 읽어요

2 여러분 반 친구들은 무엇을 해요? 위 글처럼 쓰세요.
What are your classmates doing? Write a passage as shown in the example above.

아메리카노 Caffe Americano   **우리** we, us, our   **반** class

높임말과 반말
Honorific and Talk down

영화를 좋아해요?

학생

선생님

영화를 좋아해요? Do you like movies? (polite form)

영화를 좋아해?

학생

학생

영화를 좋아해? Do you like movies? (blunt form)

선생님

네 /
아니요

학생

네 Yes (polite form) / 아니요 No (polite form)

학생

응 /
아니

학생

응 Yes (blunt form) / 아니 No (blunt form)

제 9 과 한국어가 재미있어요

학습 내용

📋 VOCA	시작해요	형용사
💡	배워요 1	으 탈락
	배워요 2	ㅂ 불규칙
🎤	말해요	고향에 대해 말하기
🎧	들어요	한국 생활에 대한 대화 듣기
📖	읽고 써요	안부를 묻는 이메일 읽고 답장 쓰기
🗂️	표현을 배워요	질병 관련 표현

1   다음을 읽으세요. Read the following words.

🔊 형용사 Adjectives

좋다 to be good

재미있다 to be fun

유명하다 to be famous

크다 to be big

아프다 to be sick

예쁘다 to be pretty

맵다 to be spicy

춥다 to be cold

어렵다 to be difficult

2   〈보기〉와 같이 빈칸에 알맞은 말을 쓰세요. Fill in the blanks with the proper words.

〈보기〉
춥다

1)

_____

2)

_____

3)

_____

4)

_____

5)

_____

배워요 1   Let's learn grammar and expression 1

1. 으 탈락

Ⓐ 마이클 씨, 어디에 가요?

Ⓑ 약국에 가요. **아파요.**

예	−아요	−어요	
	아프다 → 아파요	예쁘다 → 예뻐요	쓰다 → 써요
	바쁘다 → 바빠요		크다 → 커요

연습 1   **'−아요/어요'를 사용해서 문장을 쓰세요.**
Write each sentence using '−아요/어요'.

1. 머리가 아프다 _____   2. 이메일을 쓰다 _____

3. 방이 크다 _____   4. 링링이 예쁘다 _____

연습 2   **〈보기〉와 같이 말하세요.**
Create a dialogue for each picture as shown in the example.

〈보기〉

①

링링 / 아프다

②

방 / 크다

Ⓐ 크리스 씨가 바빠요?

Ⓑ 네, 바빠요.

③

주엔 / 예쁘다

④ 나탈리 / 이메일 / 쓰다

Language focus

When the stem of a verb or adjective ends with '으', the vowel '으' is omitted if the ending suffix starting with a vowel comes after it.

바쁘다 to be busy   **쓰다** to write   **머리** head   **이메일** e-mail   **방** room

배워요 2 Let's learn grammar and expression 2

2. ㅂ 불규칙

Ⓐ 김치가 **매워요**?

Ⓑ 네, **매워요**.

예	ㅂ → 우	
맵다 → 매워요		춥다 → 추워요
덥다 → 더워요		어렵다 → 어려워요

연습 1 '-아요/어요'를 사용해서 문장을 쓰세요. Write each sentence using '-아요/어요'.

1. 김치찌개가 맵다 _____   2. 날씨가 춥다 _____

3. 교실이 덥다 _____   4. 한국어가 어렵다 _____

연습 2 〈보기〉와 같이 대화를 만드세요.
Create a dialogue for each picture as shown in the example.

〈보기〉

날씨 / 춥다

Ⓐ 날씨가 추워요?

Ⓑ 네, 추워요.

①

김치찌개 / 맵다

②

한국어 / 어렵다

③

도서관 / 덥다

④

한국 / 아름답다

Language focus

When some verbs or adjectives end with 'ㅂ', if the ending suffix starting with a vowel comes after them, the vowel 'ㅂ' turns into '우' or '오.' In most cases, 'ㅂ' changes into '우', but '돕다' changes into '도와요' and '곱다' changes into '고와요'.

덥다 to be hot   **날씨** weather   **아름답다** to be beautiful

말해요   Let's speak

🎤 **다음을 따라 하세요.** 🎧 Track 49
Read the following conversation.

〈보기〉

Ⓐ **카즈마** 씨, 고향이 어디예요?
Ⓑ **일본**, **도쿄**예요.
Ⓐ **도쿄** 날씨는 어때요?
Ⓑ 지금 좀 **추워요**.
Ⓐ 도쿄는 무엇이 유명해요?
Ⓑ **도쿄 타워**가 유명해요.

연습 〈보기〉와 같이 친구와 말하세요.
Create dialogues with your classmates as shown in the example above.

이름 name	고향 hometown	날씨 weather	유명한 것 what is famous there
〈보기〉 카즈마	일본, 도쿄	추워요	도쿄 타워
①			
②			
③			
④			

고향 hometown   **도쿄** Tokyo   **좀** a little   **도쿄 타워** Tokyo Tower   **어때요** how

들어요 __Let's listen

1 다음을 듣고 질문에 답하세요. Track 50
Listen carefully and answer the questions.

1) 맞는 내용과 연결하세요.
Connect each adjective with the corresponding activity.

① 한국 생활　●　　　　　● ⓐ 매워요

② 한국어 공부　●　　　　　● ⓑ 재미있어요

③ 한국 음식　●　　　　　● ⓒ 바빠요

2) 마이클 씨는 한국에서 무엇을 해요?
What does Michael do in Korea?

① 　② 　③

2 다시 듣고 빈칸에 알맞은 말을 쓰세요.
Listen again and fill in the blanks.

A : 마이클 씨, 한국 생활이 어때요?

B : _____. 한국어를 공부해요.

A : 한국어 공부는 어때요?

B : _____. 그런데 _____.

A : 한국 음식은 어때요?

B : _____.

한국 생활 Korean life　그런데 but

읽고 써요 — Let's read and write

1 **다음을 읽고 질문에 답하세요.** Read the following passage and answer the questions.

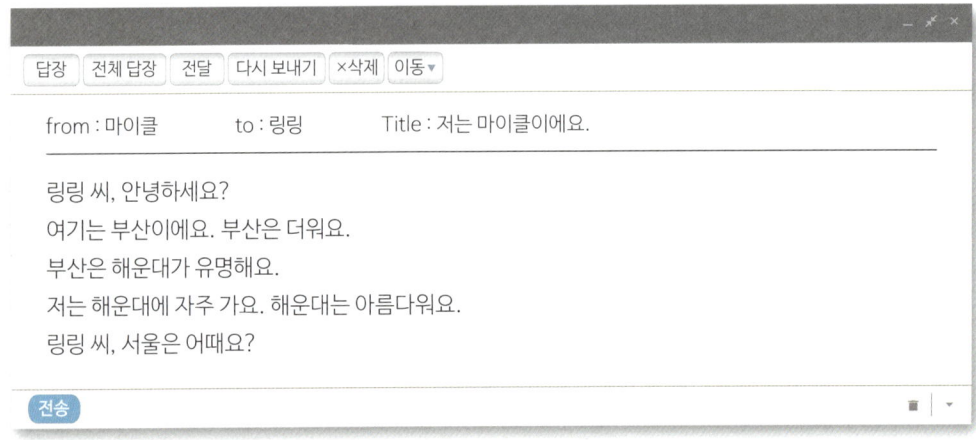

| 답장 | 전체 답장 | 전달 | 다시 보내기 | ×삭제 | 이동▾ |

from : 마이클   to : 링링   Title : 저는 마이클이에요.

링링 씨, 안녕하세요?
여기는 부산이에요. 부산은 더워요.
부산은 해운대가 유명해요.
저는 해운대에 자주 가요. 해운대는 아름다워요.
링링 씨, 서울은 어때요?

전송

1) 부산 날씨는 어때요? How is the weather in Busan?

2) 부산은 무엇이 유명해요? What is famous in Busan?
   ① 해운대   ② 시장   ③ 불고기

2 **위 글에 대한 답장을 쓰세요.** Write a reply to the message above.

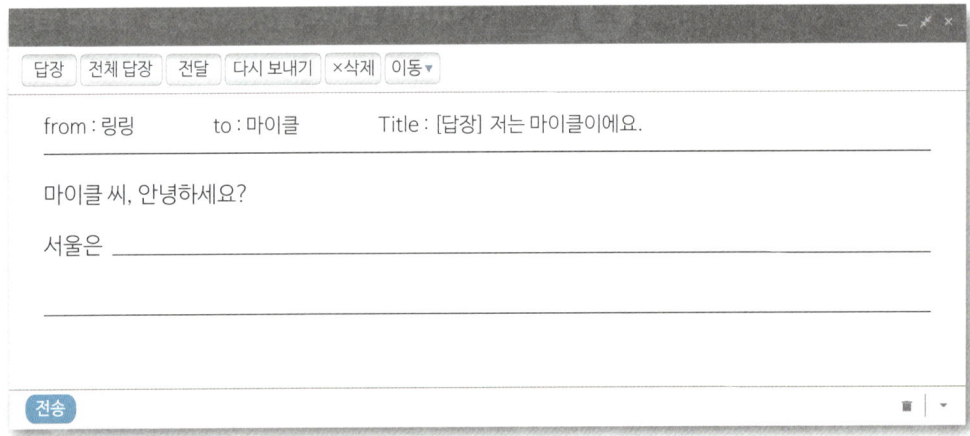

| 답장 | 전체 답장 | 전달 | 다시 보내기 | ×삭제 | 이동▾ |

from : 링링   to : 마이클   Title : [답장] 저는 마이클이에요.

마이클 씨, 안녕하세요?

서울은 _____

_____

전송

부산 Busan   **해운대** Haeundae

표현을 배워요 🎙 Let's learn useful expressions

감기에 걸렸어요.
I caught a cold.

배가 아파요.
I have a stomachache.

열이 나요.
I have a fever.

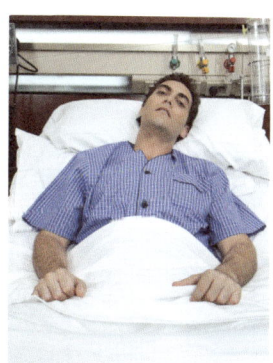

병원에 입원했어요.
I was admitted to the hospital.

진단서를 가져오세요.
Please bring me a medical certificate.

제10과 은행이 어디에 있어요?

시작해요 ___ Let's begin with the vocabulary

1 다음을 읽으세요. Read the following words.

🍦 **사물 2 Goods 2**

필통	안경	우산	휴지
pencil case	glasses	umbrella	tissue

카드	노트북	컴퓨터	에어컨
card	laptop	computer	air-conditioner

2 〈보기〉와 같이 빈칸에 알맞은 말을 쓰세요. Fill in the blanks with the proper answers.

Ⓐ 이거는 뭐예요?
Ⓑ 필통이에요.

1) A : 이거는 뭐예요?
   B : _____

2) A : 이거는 뭐예요?
   B : _____

3) A : 이거는 뭐예요?
   B : _____

4) A : 이거는 뭐예요?
   B : _____

5) A : 이거는 뭐예요?
   B : _____

6) A : 이거는 뭐예요?
   B : _____

1. 에 있다

Ⓐ 링링이 어디에 있어요?

Ⓑ 기숙사에 있어요.

예
노트북이 교실에 있어요.
커피숍이 어디에 있어요?
학교에 식당이 있어요.
마이클 씨가 도서관에 없어요.

연습 1 '에 있어요'를 사용해서 문장을 완성하세요.
Complete each sentence using '에 있어요'.

1. 컴퓨터가 교실 _____ .
2. 줄리앙이 서점 _____ .
3. 학교__ 식당이 _____ .
4. 방__ 에어컨이 _____ .

연습 2 〈보기〉와 같이 말하세요.
Create a dialogue as shown in the example.

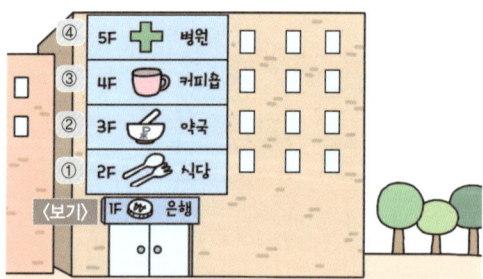

Ⓐ 은행이 어디에 있어요?

Ⓑ 1층에 있어요.

Language focus

'에 있다' refers to where a person or a thing exists or is located. The antonym of it is '에 없다'.
'책상이 교실에 있어요' can turn into '교실에 책상이 있어요'.

기숙사 dormitory 층 floor 병원 hospital

배워요 2 <u>Let's learn grammar and expression 2</u>

2. 도

Ⓐ 교실에 뭐가 있어요?

Ⓑ 컴퓨터가 있어요. 에어컨**도** 있어요.

예
방에 책상이 있어요. 의자**도** 있어요.

마이클 씨는 학생이에요. 링링 씨**도** 학생이에요.

연습 1 '도'를 사용해서 문장을 완성하세요. Complete each sentence using '도'.

1. 교실에 선생님이 있어요. 학생___ 있어요.

2. 기숙사에 미국 사람이 있어요. 일본 사람___ 있어요.

연습 2 〈보기〉와 같이 말하세요. Create a dialogue for each picture as shown in the example.

〈보기〉

Ⓐ 과일 가게에 뭐가 있어요?

Ⓑ 사과가 있어요. 포도도 있어요.

①
식당

②
방

③
옷 가게

④
마트

Language focus

'도' is attached to a noun to indicate something is added to an object or a situation.

과일 가게 fruit shop   **옷 가게** clothes shop   **마트** mart

🎤 **다음을 따라 하세요.** 🎧 Track 51
Read the following conversation.

〈보기〉

Ⓐ **방**에 뭐가 있어요?

Ⓑ **책상**이 있어요. **의자**도 있어요.

Ⓐ **책상**이 몇 개 있어요?

Ⓑ **한** 개 있어요.

Ⓐ **의자**가 몇 개 있어요?

Ⓑ **두** 개 있어요.

연습 〈보기〉와 같이 친구와 말하세요.
Create dialogues with your classmates as shown in the example above.

①

가방 – 휴지, 안경

②

냉장고 – 사과, 우유

③

필통 – 볼펜, 연필

④

옷가게 – 티셔츠, 모자

냉장고 refrigerator **몇** how many

들어요

1 다음을 듣고 질문에 답하세요. 🎧 Track 52
Listen carefully and answer the questions.

1) 남자는 어디에 있어요?
Where is the man?

①  ② ③

2) 여자는 지금 뭐 해요?
What is the woman doing now?

① 커피를 마셔요. ② 한국어를 공부해요. ③ 떡볶이를 먹어요.

3) 식당은 몇 층에 있어요?
What floor is the restaurant on?

① 기숙사 1층 ② 기숙사 2층 ③ 기숙사 3층

2 다시 듣고 빈칸에 알맞은 말을 쓰세요.
Listen again and fill in the blanks.

A : _____. 크리스 씨, 지금 _____ 있어요?

B : 저는 도서관 _____. 링링 씨는 어디에 있어요?

A : 저는 _____에 있어요. 떡볶이를 _____. 크리스 씨, 빨리 와요. 같이 먹어요.

B : 식당은 어디에 있어요?

A : 기숙사 _____에 있어요.

B : 네, 지금 가요.

여보세요 Hello **빨리** quickly **같이** together

읽고 써요 Let's read and write

1 **다음을 읽고 질문에 답하세요.**
Read the following passage and answer the questions.

> 학교에 학생회관이 있어요.
> 학생회관 1층에 은행이 있어요.
> 은행 옆에 서점도 있어요.
> 그런데 학생회관 1층에 우체국은 없어요.
> 우체국은 지하 1층에 있어요.

1) 은행이 어디에 있어요? Where is the bank?

2) 읽은 내용과 같으면 O, 다르면 X 하세요. Mark true or false using O, X.

① 학생회관 1층에 우체국이 있어요.　(　　　)

② 학생회관 지하 1층에 서점이 있어요.　(　　　)

2 **여러분 대학교의 학생회관을 소개하세요.**
Describe your university student union building.

- ○
- ○
- ○
- ○
- ○
- ○
- ○
- ○

학생회관 student union building　**옆** side　**우체국** post office　**지하** basement

표현을 배워요 🗩 Let's learn useful expressions

1 길을 물으려고 상대방을 부를 때
When you call the other party to ask the way

저, 실례지만

- 저, 실례지만
- 저기요
  Excuse, but

2 길을 묻고 대답할 때
When asking and answering the way

커피숍 근처에 있어요.

It's near the coffee shop.

편의점이 어디에 있어요?
Where is the
convenience store?

커피숍 옆에 있어요.

It's next to the coffee shop.

여기에서 좀 멀어요.

It's a little bit far from here.

커피숍 건너편에 있어요.

It's across from the coffee shop.

제11과

저는 고기를 안 먹어요

시작해요 Let's begin with the vocabulary

1 다음을 읽으세요. Read the following words.

🍦 가족 Family

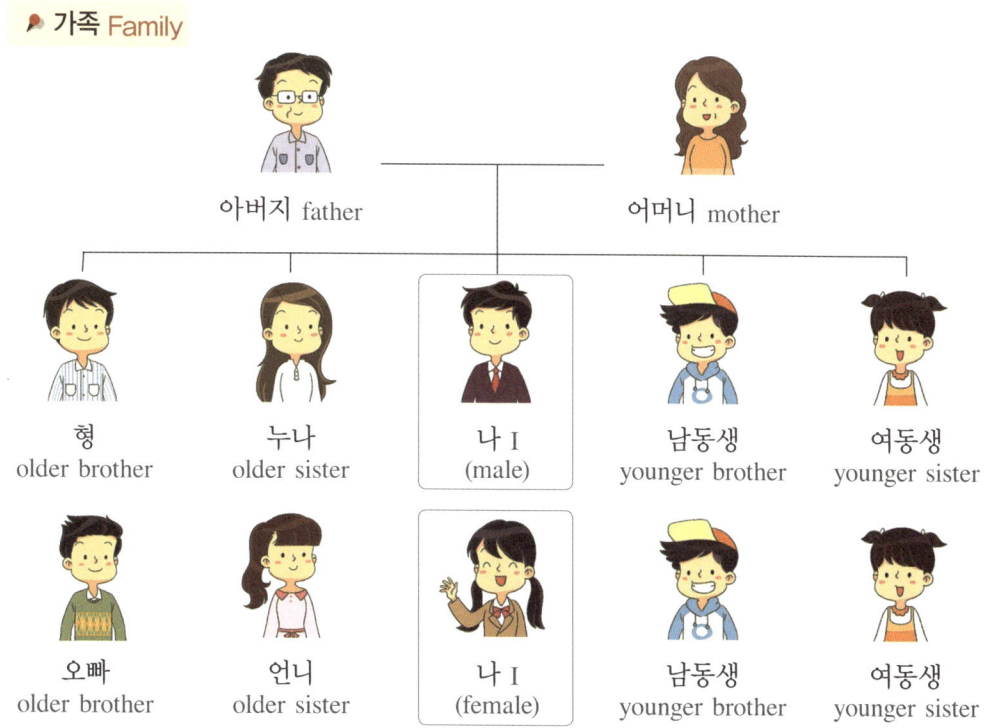

아버지 father	어머니 mother

형
older brother

누나
older sister

나 I
(male)

남동생
younger brother

여동생
younger sister

오빠
older brother

언니
older sister

나 I
(female)

남동생
younger brother

여동생
younger sister

2 〈보기〉와 같이 빈칸에 알맞은 말을 쓰세요. Fill in the blanks with the proper word.

〈보기〉 나

1)
2)
3)
4)
5)
6)

⑪ 저는 고기를 안 먹어요 **97**

1. 이/가 있다

Ⓐ 카즈마 씨는 형이 있어요?

Ⓑ 네, 형이 있어요.

예	Noun ending with a consonant + 이 있다	Noun ending with a vowel + 가 있다
	저는 남동생이 있어요.	링링은 오빠가 있어요.
	저는 책하고 공책이 있어요.	나탈리는 모자가 있어요.

연습 1 '이/가 있어요'를 사용해서 문장을 완성하세요.
Complete each sentence using '이/가 있어요'.

1. 저는 책_____.   2. 마이클은 노트북_____.

3. 저는 동생_____.   4. 크리스는 여자 친구_____.

연습 2 〈보기〉와 같이 말하세요.
Create a dialogue for each picture as shown in the example.

〈보기〉

링링 / 언니 1명

Ⓐ 링링 씨는 언니가 있어요?

Ⓑ 네, 있어요. 저는 언니가 한 명 있어요.

①

나탈리 / 여동생 2명

②

서준 / 형 1명

③

마이클 / 누나 3명

④

주엔 / 남동생 1명

Language focus

'Noun이/가 있다' is used to indicate that the subject has the noun. When the noun ends with a consonant, use '이'. When the noun ends with a vowel, use '가'.

여자 친구 girlfriend   **명** noun counter for people

2. 안

Ⓐ 크리스 씨, 운동을 좋아해요?

Ⓑ 아니요, **안** 좋아해요.

예		
바지가 안 예뻐요.	주엔이 학교에 안 가요.
언니는 고기를 안 먹어요.	크리스는 운동 안 해요.

연습 1   '안'을 사용해서 문장을 쓰세요
Write each sentence using '안'.

1. 저 / 책 / 읽다

    _____.

2. 오빠 / 햄버거 / 먹다

    _____.

3. 동생 / 커피 / 마시다

    _____.

4. 형 / 한국어 / 공부하다

    _____.

연습 2   〈보기〉와 같이 말하세요. Create a dialogue as shown in the example.

〈보기〉

Ⓐ 나탈리 씨 오빠는 커피를 마셔요?

Ⓑ 아니요, 커피를 안 마셔요.

나탈리 가족	질문	네	아니요
〈보기〉 오빠	커피를 마시다	☐	✔
① 남동생	고기를 먹다	☐	✔
② 여동생	컴퓨터 게임을 하다	✔	☐
③ 언니	쇼핑을 좋아하다	☐	✔

Language focus

'안' is placed before a verb or an adjective and expresses the meaning of negative or opposition. When the verb consists of a noun and '하다', '안' is placed between the noun and 해요(e.g. 공부 안 해요, 운동 안 해요).

게임 game

말해요

🎙 **다음을 따라 하세요.** 🎧 Track 53
Read the following conversation.

<보기>

커피 ○
고기 X
도서관 X

Ⓐ 크리스 씨는 커피를 좋아해요?

Ⓑ 네, 좋아해요.

Ⓐ 고기를 먹어요?

Ⓑ 아니요, 저는 고기를 안 먹어요.

Ⓐ 도서관에 가요?

Ⓑ 아니요, 도서관에 안 가요.

연습 **<보기>와 같이 친구와 말하세요.**
Create dialogues with your classmates as shown in the example above.

질문 \ 이름	<보기> 크리스	①	②	③
① 커피를 좋아해요?	O			
② 고기를 먹어요?	X			
③ 도서관에 가요?	X			
④ 녹차를 마셔요?				
⑤ 운동해요?				
⑥ 김치가 맛있어요?				
⑦ 한국 영화를 봐요?				
⑧ _____ ?				
⑨ _____ ?				

1 다음을 듣고 질문에 답하세요.   Track 54
Listen carefully and answer the questions.

1) 남자는 형이 있어요?
Does the man have an older brother?

   ① 네   ② 아니요

2) 남자의 남동생은 무엇을 좋아해요?
What does the man's younger brother like to do?

   ① 공부를 좋아해요   ② 운동을 좋아해요   ③ 컴퓨터 게임을 좋아해요

3) 남자는 무엇을 좋아해요?
What does the man like to do?

 ①    ②    ③

2 다시 듣고 빈칸에 알맞은 말을 쓰세요.
Listen again and fill in the blanks.

A : 크리스 씨는 형이 있어요?

B : _____. 저는 _____ 한 명 있어요.

A : 남동생은 무엇을 좋아해요?

B : _____ 좋아해요. 그런데 저는 운동을 안 좋아해요.

A : 크리스 씨는 무엇을 좋아해요?

B : 저는 _____.

읽고 써요   Let's read and write

1   **다음을 읽고 질문에 답하세요.**
Read the following passage and answer the questions.

저는 주엔이에요. 우리 가족은 어머니, 언니, 남동생, 저, 모두 네 명이에요. 어머니는 선생님이에요. 영어를 가르쳐요. 언니는 대학생이에요. 경영학을 공부해요. 언니는 영화를 좋아해요. 남동생은 책을 좋아해요. TV도 좋아해요. 그런데 운동을 안 좋아해요. 저는 우리 가족을 사랑해요.

1) 주엔 가족은 모두 몇 명이에요? How many people are in Juen's family?

_____ 명

2) 읽은 내용과 같으면 O, 다르면 X 하세요. Mark true or false using O, X.

① 주엔은 오빠가 있어요.   (   )

② 주엔 언니는 회사원이에요.   (   )

③ 주엔 남동생은 운동을 좋아해요.   (   )

2   **위 글처럼 가족을 소개하는 글을 쓰세요.**
Write a passage about your family.

모두 all together   **가르치다** to teach   **경영학** business administration   **사랑하다** to love
회사원 company worker

표현을 배워요 Let's learn useful expressions

전공 관련 표현
Major

전공이 뭐예요?
What is your major?

- 국제관계학 International Relations
- 패션 디자인학 Fashion Design
- 동아시아학 East Asian Studies
- 교육학 Education
- 경영학 Business Administration
- 환경공학 Environmental Engineering
- 컴퓨터공학 Computer Science

제**12**과　이쪽으로 가세요

시작해요 <u>Let's begin with the vocabulary</u>

1 다음을 읽으세요. Read the following words.

📍 **교통수단** Means of transportation

버스 bus

지하철 subway

택시 taxi

기차 train

자동차 car

비행기 airplane

📍 **교통 관련 장소** Places related to transportation

버스 정류장
bus stop

지하철역
subway station

공항
airport

2 〈보기〉와 같이 빈칸에 알맞은 말을 쓰세요. Fill in the blanks with the proper words.

〈보기〉 버스 정류장

1)
2)
3)
4)
5)

1. -으세요/세요

Ⓐ 여기 **앉으세요**.

Ⓑ 네, 감사합니다.

예	Verb stem ending with a consonant + 으세요	Verb stem ending with a vowel + 세요
	책을 읽으세요.	안녕히 가세요.
	빨리 앉으세요.	지하철을 타세요.

연습 1 '–으세요/세요'를 사용해서 문장을 쓰세요.
Write each sentence using '–으세요/세요'.

1. 공부하다 _____   2. 어서 오다 _____

3. 택시를 타다 _____   4. 이 책을 읽다 _____

연습 2 아래 문장 중 맞는 표현을 찾아 〈보기〉와 같이 대화를 만드세요.
Create a dialogue for each picture as shown in the example using the proper phrases below.

〈보기〉

Ⓐ 여기를 보세요.

Ⓑ 네, 알겠습니다.

①  ②  ③  ④

숙제를 하다, 이름을 쓰다, 책을 보다, 안녕히 가다

Language focus

'–으세요/세요' can be used to order or request the other party. '–으세요' is attached to the stem of the verb or adjective ending with a consonant. '–세요' is used after the stem of the verb or adjective ending with a vowel.

타다 to take (a ride)   **숙제** homework

2. 으로/로

ⓐ 지하철역이 어디에 있어요?

ⓑ 이쪽으로 가세요.

예	Noun ending with a consonant + 으로	Noun ending with a vowel + 로
	집으로 와요.	어디로 가요?
	공항으로 가요.	학교로 오세요.

연습 1 **'으로/로'를 사용해서 문장을 완성하세요.**
Complete each sentence using '으로/로'.

1. 왼쪽____ 가요.   2. 기숙사____ 가요.

3. 오른쪽____ 오세요.   4. 학교____ 가세요.

연습 2 **〈보기〉와 같이 말하세요.**
Create a sentence for each picture as shown in the example.

〈보기〉

오른쪽으로 가세요.

①

왼쪽

②

오른쪽

③

이쪽

④

저쪽

Language focus

'으로/로' are used to indicate the direction or destination. '으로/로' are used with verbs meaning 'come or go'. '으로' is used after a noun ending with a consonant. '로' comes after a noun ending with a vowel and 'ㄹ'.

오른쪽 right side   **왼쪽** left side   **이쪽** this side   **저쪽** that side

말해요 Let's speak

🎤 **다음을 따라 하세요.** 🎧 Track 55
Read the following conversation.

<보기>

Ⓐ 저기요, **서점**이 어디에 있어요?

Ⓑ 이쪽으로 쭉 가세요.

Ⓐ 그리고요?

Ⓑ **오른쪽**에 **약국**이 있어요. **약국** 옆에 **서점**이 있어요.

Ⓐ 네, 감사합니다.

연습 〈보기〉와 같이 친구와 말하세요.
Create dialogues with your classmates as shown in the example above.

① 커피숍   ② 공원   ③ 과일 가게   ④ 식당

쭉 straight

1 다음 두 개의 대화를 듣고 질문에 답하세요. 🎧 Track 56
Listen to the two conversations and answer the questions.

1) 식당이 어디에 있어요?
Where is the restaurant?

2) 은행이 어디에 있어요?
Where is the bank?

2 다시 듣고 빈칸에 알맞은 말을 넣으세요.
Listen again and fill in the blanks.

1) A : _____ 이 어디에 있어요?

　 B : 이쪽으로 가세요. _____ 학교가 있어요. _____ 식당이

　　　있어요.

2) A : 은행이 어디에 있어요?

　 B : 이쪽으로 쭉 가세요. _____ 가세요. _____ 있어요.

읽고 써요 | Let's read and write

1 다음을 읽고 질문에 답하세요.
Read the following passage and answer the questions.

1) 이 전단지는 무엇을 광고해요? What is the flyer advertising?

_____

2) 읽은 내용과 같으면 O, 다르면 X 하세요. Mark true or false using O, X.

① 이 식당은 학교 옆에 있어요. (　　　)

② 불고기는 칠천 원이에요. (　　　)

③ 맥주 한 병은 무료예요. (　　　)

2 위 글처럼 자신이 좋아하는 식당의 전단지를 만드세요.
Create a flyer that advertises your favorite restaurant.

아주 very **싸다** to be cheap **서비스** service, free of charge **무료** free of charge

표현을 배워요 🔍 Let's learn useful expressions

A: 동대문에 어떻게 가요?

B: 지하철을 타세요.

A: How can I get to Dongdaemun?
B: You may take a subway.

홍대로 가 주세요.

Please take me to Hongik University.

기사님, 저기서 세워 주세요.

Sir, please pull over there.

A: 지하철역까지 얼마나 걸려요?

B: 10분쯤 걸려요.

A: How long does it take to the subway station?
B: It takes about 10 minutes.

이번 역에서 4호선으로 갈아타세요.

Please transfer to line number 4
at this station.

제**13**과   한 시에 점심을 먹어요

학습 내용

VOCA	**시작해요**	동사 2
	배워요 1	시간
	배워요 2	에
	말해요	하루 일과 묻고 대답하기
	들어요	하루 일과 듣기
	읽고 써요	하루 일과 읽고 쓰기
	표현을 배워요	시간 관련 표현

1 다음을 읽으세요. Read the following words.

🖊 동사 2 Verbs 2

일어나다
to get up

세수하다
to wash the face

점심을 먹다
to have lunch

한국어를 배우다
to learn Korean

인터넷하다
to do internet

숙제하다
to do homework

샤워하다
to take a shower

자다
to sleep

2 〈보기〉와 같이 빈칸에 알맞은 말을 쓰세요. Fill in the blanks with the proper words.

〈보기〉

다니엘 씨가 일어나요.

1)

다니엘 씨가 _____.

2)

다니엘 씨가 _____.

3)

다니엘 씨가 _____.

4)

다니엘 씨가 _____.

1. 시간

Ⓐ 지금 몇 시예요?

Ⓑ 아홉 **시** 오십 **분**이에요.

예 11:10 열한 시 십 분   05:25 다섯 시 이십오 분

연습 1 **빈칸을 채우세요.** Fill in the blanks.

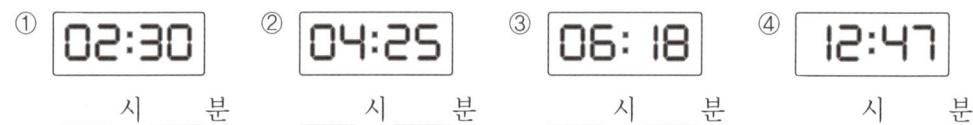

① 02:30 ＿＿ 시 ＿＿ 분
② 04:25 ＿＿ 시 ＿＿ 분
③ 06:18 ＿＿ 시 ＿＿ 분
④ 12:47 ＿＿ 시 ＿＿ 분

연습 2 **〈보기〉와 같이 말하세요.** Create a dialogue as shown in the example.

〈보기〉

Ⓐ 지금 몇 시예요?

Ⓑ 여섯 시 삼십오 분이에요.

① 03:00
② 10:30
③ 04:17
④ 08:40

Language focus

When time is expressed in Korean, '한 시, 두 시, 세 시, 네 시, …' are used, which consist of '한, 두, 세, 네, …' and the hour and '일, 이, 삼, 사 …' are used in front of the minute.

<시 o'clock>

1시	2시	3시	4시	5시	6시
한 시	두 시	세 시	네 시	다섯 시	여섯 시
7시	8시	9시	10시	11시	12시
일곱 시	여덟 시	아홉 시	열 시	열한 시	열두 시

<분 minute>

1분	5분	10분	30분	45분	50분
일 분	오 분	십 분	삼십 분/반	사십오 분	오십 분

2. 에

Ⓐ 몇 시에 일어나요?

Ⓑ 일곱 시에 일어나요.

예

마이클 씨는 일곱 시에 일어나요.

링링 씨는 세 시 삼십 분에 친구를 만나요.

나타샤 씨는 오전에 한국어를 배워요.

주엔 씨는 오후 네 시에 아르바이트를 해요.

연습 1 빈칸을 채우세요. Fill in the blanks.

1. 마이클 씨는 7 : 30_____ 일어나요.

2. 링링 씨는 오전_____ 한국어를 공부해요.

3. 나탈리 씨는 6 : 40_____ 저녁을 먹어요.

4. 크리스 씨는 오후_____ 인터넷을 해요.

연습 2 〈보기〉와 같이 말하세요.

Create a dialogue for each picture as shown in the example.

〈보기〉

Ⓐ 서준 씨는 몇 시에 일어나요?

Ⓑ 일곱 시에 일어나요.

①  　② 　③ 　④

Language focus

'에' is a marker attached to the time expression to indicate time.

오전 a.m.　**오후** p.m.　**아르바이트(를) 하다** to do part-time job

말해요 | Let's speak

 다음을 따라 하세요. 🎧 Track 57
Read the following conversation.

〈보기〉

ⓐ **나탈리** 씨, 몇 시에 일어나요?

ⓑ **일곱 시 반**에 일어나요.

ⓐ 몇 시에 점심을 먹어요?

ⓑ **한 시**쯤 점심을 먹어요.

ⓐ 저녁에 뭐 해요?

ⓑ **친구를 만나요.** 그리고 **맥주를 마셔요.**

ⓐ 몇 시에 자요?

ⓑ **열한 시**에 자요.

연습 **〈보기〉와 같이 친구와 말하세요.**
Create dialogues with your classmates as shown in the example above.

이름 질문	〈보기〉 나탈리	①	②
① 몇 시에 일어나요?	7:30		
② 몇 시에 점심을 먹어요?	1:00		
③ 저녁에 뭐 해요?	친구를 만나요. 맥주를 마셔요.		
④ 몇 시에 자요?	11:00		
⑤ _____ ?			

쯤 about   **저녁** evening

들어요   Let's listen

1 **다음을 듣고 질문에 답하세요.** Track 58
Listen carefully and answer the questions.

1) 다음을 듣고 맞는 그림과 연결해 보세요.
   Connect the activity with the correct time.

 ①

 ⓐ

 ②

 ⓑ

 ③

 ⓒ

2) 남자는 오후에 뭐 해요?
   What does the man do in the afternoon?

   ① 숙제해요   ② 친구를 만나요   ③ 인터넷을 해요

2 **다시 듣고 빈칸에 알맞은 말을 쓰세요.**
Listen again and fill in the blanks.

A : 마이클 씨, 몇 시에 일어나요?

B : _____에 일어나요.

A : 몇 시에 학교에 가요?

B : _____에 학교에 가요.

A : 몇 시에 점심을 먹어요?

B : _____쯤 점심을 먹어요.

A : 오후에 뭐 해요?

B : _____.

1   **다음을 읽고 답하세요.**
Read the conversations and answer the questions.

> 저는 아침 일곱 시에 일어나요. 그리고 운동해요. 저는 운동을 좋아해요. 여덟 시 반에 아침을 먹어요. 빵하고 우유를 먹어요. 그 다음에 학교에 가요. 한국어를 공부해요. 한 시쯤 점심을 먹어요. 한국 음식을 먹어요. 그리고 오후에 아르바이트를 해요. 저녁에 드라마를 봐요. 열한 시 반에 자요.

1) 이 사람은 몇 시에 일어나요? What time does this person get up?

_____

2) 이 사람은 오후에 무엇을 해요? What does this person do in the afternoon?

_____

3) 읽은 내용과 같으면 O, 다르면 X 하세요. Mark true or false using O, X.

  ① 이 사람은 아침에 빵하고 우유를 먹어요.   (   )

  ② 이 사람은 12시 30분에 자요.   (   )

2   **위 글처럼 하루 일과를 쓰세요.** Write your daily schedule as shown above.

- ○
- ○
- ○
- ○

그 다음에 after that

표현을 배워요 💬 Let's learn useful expressions

시간 관련 표현
Time

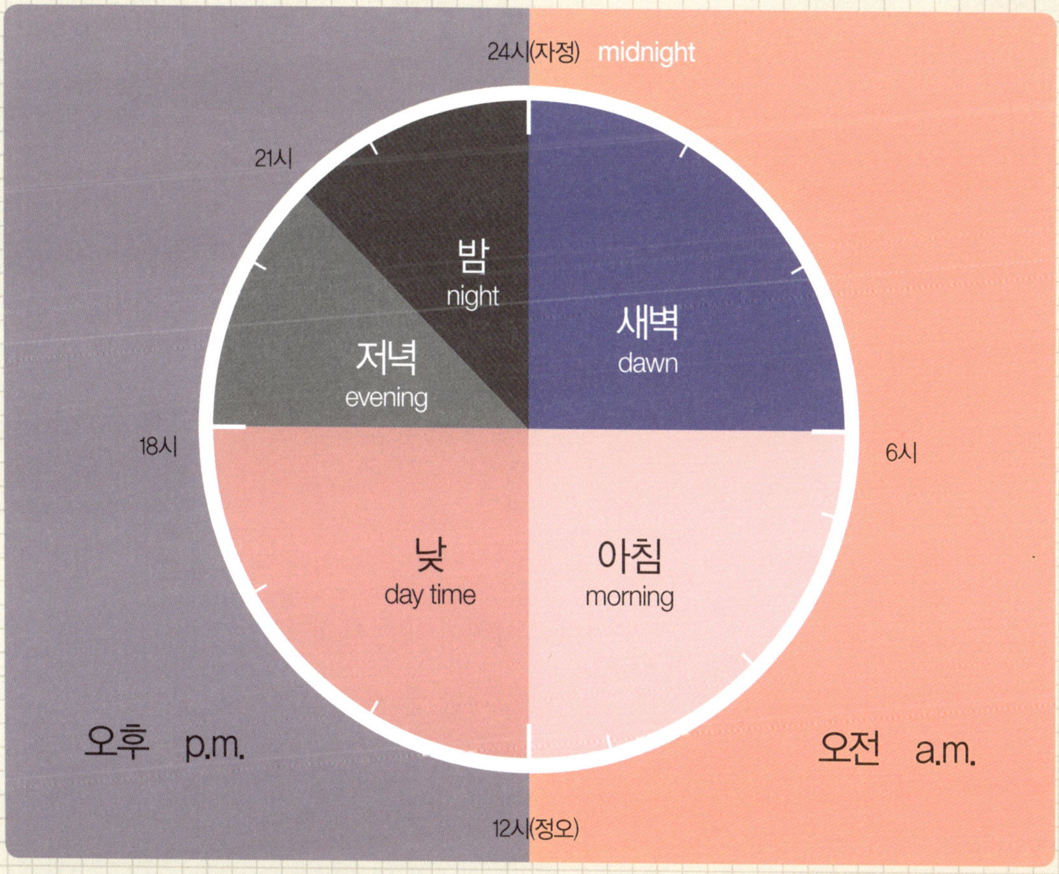

2020
12월

일	월	화	수	목	금	토
				1	2	3
4	5	6 ← 어제 yesterday	7 오늘 today	8 → 내일 tomorrow		10
11	12					17

24시(자정) midnight

21시

밤
night

새벽
dawn

저녁
evening

18시

6시

낮
day time

아침
morning

오후 p.m.

오전 a.m.

12시(정오)

제14과 전주에서 비빔밥을 먹고 싶어요

학습 내용

VOCA	시작해요	여행
	배워요 1	에서
	배워요 2	-고 싶다
	말해요	여행에서 하고 싶은 일에 대해 말하기
	들어요	방학 계획에 대한 대화 듣기
	읽고 써요	여행에 대한 글 읽고 쓰기
	표현을 배워요	여행 관련 표현

시작해요 — Let's begin with the vocabulary

1 다음을 읽으세요. Read the following words.

🔎 **여행** Travel

호텔 hotel	모텔 motel	게스트하우스 guesthouse	펜션 pension
예약하다 to book	묵다 to stay	출발하다 to depart	도착하다 to arrive

2 〈보기〉와 같이 빈칸에 알맞은 말을 쓰세요. Fill in the blanks with the proper words.

〈보기〉 묵어요

펜션

1)

2)

3)

4)

배워요 1 Let's learn grammar and expression 1

1. 에서

Ⓐ 주엔 씨는 보통 어디에서 공부해요?

Ⓑ 저는 도서관**에서** 공부해요.

예		
학교에서 한국어를 공부해요.	도서관에서 책을 읽어요.	
영화관에서 영화를 봐요.	커피숍에서 커피를 마셔요.	

연습 1   **빈칸을 채우세요.** Fill in the blanks.

1. A : 도서관＿＿ 뭐 해요?　　　　2. A : 시장＿＿ 뭐 해요?

　 B : 숙제해요.　　　　　　　　　　　B : 사과를 사요.

연습 2   〈보기〉와 같이 말하세요. Create a dialogue for each picture as shown in the example.

〈보기〉

Ⓐ 크리스 씨는 어디에서 친구를 만나요?

Ⓑ 커피숍에서 친구를 만나요.

①

링링 / 집 / 텔레비전을 보다

②

카즈마 / 마트 / 우유를 사다

③

나탈리 / 공원 / 운동하다

④

마이클 / 식당 / 점심을 먹다

Language focus

'에서' is a marker used after a noun to denote the place where an action takes place.

보통 usually　**텔레비전** television

122 교환 학생을 위한 기초 한국어

배워요 2 — Let's learn grammar and expression 2

2. -고 싶다

Ⓐ 주엔 씨, 주말에 뭐 **하고 싶어요**?

Ⓑ 전주에 **가고 싶어요**.

예		
저는 친구를 만나고 싶어요.		저는 핸드폰을 사고 싶어요.
저는 제주도에 가고 싶어요.		서준 씨, 뭐 먹고 싶어요?

연습 1 '-고 싶다'를 사용해서 문장을 쓰세요. Write each sentence using '-고 싶다'.

1. 4시에 출발해요   2. 호텔에서 묵어요

                 .   .

연습 2 〈보기〉와 같이 말하세요. Create a dialogue for each picture as shown in the example.

〈보기〉

마이클 / 부산 / 사진을 찍다

Ⓐ 마이클 씨, 어디에 가고 싶어요?

Ⓑ 부산에 가고 싶어요.

Ⓐ 거기에서 무엇을 하고 싶어요?

Ⓑ 사진을 찍고 싶어요.

①

링링 / 경주 / 불국사 / 보다

②

나탈리 / 전주 / 비빔밥 / 먹다

Language focus

'-고 싶다' is attached to a verb stem denote what the speaker wants or desires.

거기 there   **사진을 찍다** to take a photo   **경주** Gyeongju   **불국사** Bulguksa   **전주** Jeonju

말해요 | Let's speak

🎙 **다음을 따라 하세요.** 🎧 Track 59
Read the following conversation.

〈보기〉

Ⓐ **나탈리** 씨, 어디에 가고 싶어요?
Ⓑ 저는 **중국**에 가고 싶어요.
Ⓐ **중국**에서 무엇을 하고 싶어요?
Ⓑ **만리장성을 보고** 싶어요.
Ⓐ 무엇을 먹고 싶어요?
Ⓑ **북경 오리**를 먹고 싶어요.

연습 **〈보기〉와 같이 친구와 말하세요.**
Create dialogues with your classmates as shown in the example above.

이름 name	장소 place	활동 activity	음식 food
〈보기〉 나탈리	중국	만리장성을 보다	북경 오리
①			
②			
③			
④			

만리장성 the Great Wall　**북경 오리** Peking Duck

1 **다음을 듣고 질문에 답하세요.** Track 60
Listen carefully and answer the questions.

1) 여자는 방학에 어디에 가고 싶어 해요?
Where does the woman want to go during the vacation?

① 제주도　　　　　② 부산　　　　　③ 춘천

2) 여자는 거기에서 무엇을 하고 싶어 해요?
What does the woman want to do there?

① 친구를 만나고 싶어요　　　② 사진을 찍고 싶어요　　　③ 영화를 보고 싶어요

3) 여자는 무엇을 먹고 싶어 해요?
What does the woman want to eat?

①　　　②　　　③

2 **다시 듣고 빈칸에 알맞은 말을 쓰세요.**
Listen again and fill in the blanks.

A : 수잔 씨, 방학에 무엇을 하고 싶어요?

B : 저는 춘천에 ＿＿＿＿＿＿＿＿＿＿＿＿.

A : 아, 그래요? 춘천에서 무엇을 하고 싶어요?

B : 춘천에서 ＿＿＿＿＿＿＿＿＿＿＿＿.

A : 무엇을 먹고 싶어요?

B : 저는 ＿＿＿＿＿＿＿＿＿＿＿＿＿.

방학 school vacation　**춘천** Chuncheon　**닭갈비** spicy grilled chicken

읽고 써요  Let's read and write

1 다음 문장을 읽고 답하세요.
Read the passage and answer the questions.

> 저는 여행을 좋아해요. 방학에 제주도로 여행을 가고 싶어요. 제주도에서 사진을 찍고 싶어요. 수영도 하고 싶어요. 그리고 제주도는 흑돼지 삼겹살이 유명해요. 흑돼지 삼겹살을 먹고 싶어요. 게스트하우스에서 묵고 싶어요. 그래서 내일 비행기 표를 예약해요.

1) 무엇에 대한 글이에요? What is the story about?

① 여행 ② 친구 ③ 사진

2) 이 사람은 내일 무엇을 해요? What is this person going to do tomorrow?

① 수영을 해요 ② 비행기 표를 예약해요 ③ 삼겹살을 먹어요

3) 읽은 내용과 같으면 O, 다르면 X 하세요. Mark true or false using O, X.

① 호텔에서 묵고 싶어요. ( )

② 제주도에서 비빔밥을 먹고 싶어요. ( )

2 여러분은 방학에 무엇을 하고 싶은지 글을 쓰세요.
Write a passage about what you want to do during the vacation as shown above.

표 ticket　흑돼지 black pork

표현을 배워요 📍 Let's learn useful expressions

여행 관련 표현
Travel

환전해 주세요.
I'd like to exchange this, please.

여권을 보여 주세요.
Please show me your passport.

체크인/체크아웃 하고 싶어요.
I'd like to check in/out.

관광 안내소가 어디예요?
Where is the tourist information center?

짐 좀 맡아 주시겠어요?
Can I leave my luggage here?

제 **15** 과 금요일부터 일요일까지 여행을 가요

1   다음을 읽으세요. Read the following words.

일요일	월요일	화요일	수요일	목요일	금요일	토요일
Sunday	Monday	Tuesday	Wednesday	Thursday	Friday	Saturday

2   〈보기〉와 같이 빈칸에 알맞은 말을 쓰세요. Fill in the blanks with the proper words.

5월 May

Sun	Mon	Tue	Wed	Thu	Fri	Sat
1) 11	〈보기〉 12	13	14	3) 15	16	17
18	19	20	2) 21	22	23	4) 24

Ⓐ 오늘이 무슨 요일이에요?

Ⓑ 월요일이에요.

1) A : 무슨 요일이에요?
   B : _____.

2) A : 무슨 요일이에요?
   B : _____.

3) A : 무슨 요일이에요?
   B : _____.

4) A : 무슨 요일이에요?
   B : _____.

무슨 요일이에요? What day is it?

1. 날짜

A 오늘이 몇 월 며칠이에요?

B 오월 칠일이에요.

| 예 | 9월 25일 구월 이십오일 | 6월 16일 유월 십육일 |

연습 1 **빈칸을 채우세요.** Fill in the blanks.

1. 2월 19일 ＿＿＿월 ＿＿＿일
2. 3월 1일 ＿＿＿월 ＿＿＿일
3. 6월 25일 ＿＿＿월 ＿＿＿일
4. 10월 3일 ＿＿＿월 ＿＿＿일

연습 2 **〈보기〉와 같이 말하세요.** Create a dialogue for each picture as shown in the example.

〈보기〉

생일
4월 5일

A 생일이 몇 월 며칠이에요?

B 사월 오일이에요.

① 시험 4월 17일 ② 방학 6월 26일 ③ 한글날 10월 9일 ④ 크리스마스 12월 25일

Language focus

When date is expressed in Korean, it is expressed in the order of month, day. A month is expressed as '일월, 이월, 삼월, …' which consists of '일, 이, 삼 …' and '월'. A day is expressed as '일일, 이일, 삼일 …' which consists of '일, 이, 삼 …' and '일'.

<월 month>

1월	2월	3월	4월	5월	6월	7월	8월	9월	10월	11월	12월
일월	이월	삼월	사월	오월	유월	칠월	팔월	구월	시월	십일월	십이월

<일 date>

1일	5일	10일	16일	30일	31일
일일	오일	십일	십육일	삼십일	삼십일일

생일 birthday **시험** exam **방학** vacation **한글날** Hangeul Proclamation Day **크리스마스** Christmas

배워요 2 　Let's learn grammar and expression 2

2. 부터 ~ 까지

Ⓐ 마이클 씨, 언제 여행을 가요?

Ⓑ 금요일**부터** 일요일**까지** 여행을 가요.

예

링링 씨는 두 시**부터** 세 시**까지** 운동을 해요.

수잔 씨는 아침**부터** 저녁**까지** 아르바이트를 해요.

연습 1 **빈칸을 채우세요.** Fill in the blanks.

1. 화요일~목요일 _____　　2. 7월 3일~4일 _____

3. 2시~5시 _____　　4. 오늘~내일 _____

연습 2 **〈보기〉와 같이 말하세요.** Create a dialogue as shown in the example.

〈보기〉

월	화	수	목	금	토	일
〈보기〉 오전 9:00–11:00 한국어를 배우다	① 오후 4:00–5:00 수영하다		② 오후 2:00–4:00 요리를 배우다			
		③ ←————————→ 아르바이트를 하다			④ ←————————→ 여행을 가다	

Ⓐ 언제 한국어를 배워요?

Ⓑ 월요일 오전 아홉 시부터 열한 시까지 한국어를 배워요.

Language focus

'부터 ~ 까지' is attached to a time noun to indicate the time at which some action or situation starts and ends.

언제 when　　**여행을 가다** to go on a trip　　**요리** cooking

말해요 　 Let's speak

 다음을 따라 하세요. 🎧 Track 61
Read the following conversation.

〈보기〉

Ⓐ **나탈리** 씨, 주말에 뭐 해요?

Ⓑ **토요일 10시부터 11시까지 요리를 배워요.**
재미있어요.

Ⓐ 그래요? 저도 **요리를 배우고** 싶어요.

Ⓑ 그럼, 같이 가요.

Ⓐ 언제, 어디에서 만나요?

Ⓑ **토요일 9시에 지하철역**에서 만나요.

연습 　 **〈보기〉와 같이 친구와 말하세요.**
Create dialogues with your classmates as shown in the example above.

이름 질문	〈보기〉 나탈리	①	②	③
① 주말 활동 weekend activity	요리를 배워요			
② 활동 시간 activity time	토요일 오전 10시부터 11시까지			
③ 약속 시간 meeting time	토요일 9시			
④ 약속 장소 meeting place	지하철역			

주말 weekend

들어요

1 다음을 듣고 질문에 답하세요. Track 62
Listen carefully and answer the questions.

1) 시험이 언제예요? When is the exam?

① 월요일 ～ 화요일　　　　② 화요일 ～ 목요일　　　　③ 월요일 ～ 목요일

2) 방학이 언제예요? When is the vacation?

① 5월 24일 ～ 8월 30일

② 6월 14일 ～ 8월 31일

③ 6월 24일 ～ 8월 31일

3) 들은 내용과 같으면 O, 다르면 X 하세요. Mark true or false using O, X.

① 주엔은 월요일부터 목요일까지 여행을 가요.　　(　　)

② 주엔은 방학에 고향에 가요.　　(　　)

2 다시 듣고 빈칸에 알맞은 말을 쓰세요. Listen again and fill in the blanks.

A : 주엔 씨, 시험이 _____예요?

B : _____예요.

A : 그럼 방학은 언제예요?

B : _____예요.

A : 방학에 뭐 해요?

B : _____.

읽고 써요 | Let's read and write

1 **다음을 읽고 질문에 답하세요.**
Read the following passage and answer the questions.

> 저는 한강대학교 교환학생이에요. 베트남에서 왔어요. 월요일부터 목요일까지 학교에 가요. 월요일하고 수요일에는 오전 아홉 시부터 열한 시까지 한국어를 배워요. 그리고 수요일 오후 세 시에는 수영을 해요. 화요일하고 목요일에는 오후 한 시부터 다섯 시까지 수업이 있어요. 수업 후에 커피숍에서 아르바이트를 해요. 그래서 화요일하고 목요일에는 바빠요. 금요일에는 수업이 없어요. 주말에 남자 친구를 만나요. 데이트를 해요. 남자 친구는 재미있어요. 그래서 저는 남자 친구를 좋아해요.

1) 이 사람의 직업은 무엇입니까? What is this person's job?

① 의사 　　　　　　　② 학생 　　　　　　　③ 선생님

2) 읽은 내용과 같으면 O, 다르면 X 하세요. Mark true or false using O, X.

① 이 사람은 월요일부터 금요일까지 학교에 가요. 　(　　)

② 이 사람은 화요일하고 목요일에 아르바이트를 해요. 　(　　)

③ 이 사람은 남자 친구가 없어요. 　(　　)

2 **위 글처럼 여러분의 일주일 생활을 소개하는 글을 쓰세요.**
Write about your weekly life as shown above.

```
○
○
○
○
```

수영(을) 하다 to swim　　**수업** class　　**데이트(를) 하다** to date　　**후** after　　**남자 친구** boyfriend

주말 활동 관련
Weekend Activity

농구를 해요
I play basketball.

등산을 해요.
I go hiking.

한강에서 자전거를 타요.
I ride a bike at the Han River.

낮잠을 자요.
I take a nap.

주말에 뭐 해요?
What do you do during
the weekend?

콘서트에 가서
인증샷을 찍어요.
I take a proof shot at the
concert.

맛집에 가요.
I go to some famous
restaurants.

데이트를 해요
I have a date.

클럽에서 춤을 춰요.
I dance in the club.

부록

모범 답안
Sample Answer

듣기 지문
Listening Script

색인
Index

1과 한글 1

1. 모음 (1) Vowels (1)

연습 4

1) ① 아 2) ② 요
3) ① 야 4) ① 우
5) ② 이

연습 5

1) 이 2) 오
3) 우유 4) 아이

2. 자음 (1) Consonants (1)

연습 4

1) ② 누 2) ① 두
3) ① 보 4) ② 다
5) ① 러

연습 5

1) 구 2) 누나
3) 다리 4) 나라
5) 여기요

3. 자음 (2) Consonants (2)

연습 4

1) ① 이사 2) ① 바다
3) ② 자주 4) ② 스시
5) ② 비가

연습 5

1) 바지 2) 모자 3) 주스 4) 여자 5) 가수

● **한글 1 연습** Hanguel 1 practice

3.

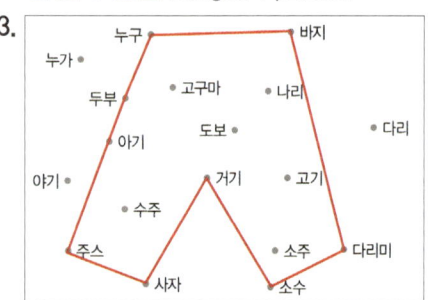

2과 한글 2

1. 자음 (3) Consonant (3)

연습 4

1) ① 포즈 2) ② 처리
3) ① 차도 4) ① 코피
5) ② 파리

연습 5

1) 치즈 2) 하나 3) 치마 4) 포도 5) 휴지

2. 자음 (4) Consonant (4)

연습 4

1) ① 사요 2) ① 아파
3) ② 쪄요 4) ② 꼬리
5) ② 따르다

연습 5

1) 짜요 2) 가짜
3) 오빠 4) 싸요
5) 아저씨

3. 모음 (2) Vowels(2)

연습 4

1) ② 요기 2) ① 시계
3) ① 베개 4) ② 세기

연습 5

1) 해요 2) 가게
3) 주세요 4) 예뻐요

4. 모음 (3) Vowels(3)

연습 4

1) ① 화자 2) ① 의자
3) ① 회의 4) ② 스웨터
5) ① 추워요

연습 5

1) 의사 2) 사과
3) 매워요 4) 웨이터
5) 쇠고기

● 한글 2 연습 Hanguel 2 practice

3.
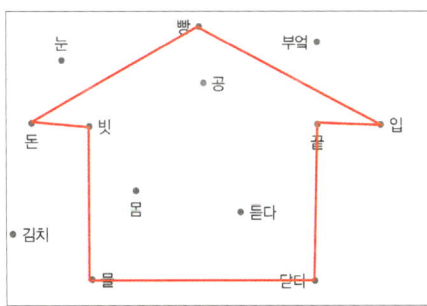

(다이어그램 안의 단어: 과자, 찌개, 교회, 아빠, 회사, 가게, 가짜, 표지, 포도, 해요, 써요, 타요, 써요)

3과 한글 3

연습 4

1) ② 공   2) ① 약
3) ① 팔   4) ② 끈
5) ① 웃다

연습 5

1) 물   2) 빵
3) 책   4) 끝
5) 김치   6) 있다

연습 7

(다이어그램 안의 단어: 빵, 눈, 부엌, 공, 돈, 빗, 입, 끝, 몸, 듣다, 김치, 물, 닫다)

4과 저는 마이클이에요

시작해요

2. 1) 미국 사람   2) 프랑스 사람
   3) 영국 사람   4) 일본 사람
   5) 중국 사람

배워요 1

연습 1

1. 이에요   2. 이에요

3. 예요   4. 이에요

연습 2

① A: 일본 사람이에요?
   B: 네, 일본 사람이에요
② A: 프랑스 사람이에요?
   B: 네, 프랑스 사람이에요.
③ A: 독일 사람이에요?
   B: 네, 독일 사람이에요.
④ A: 베트남 사람이에요?
   B: 네, 베트남 사람이에요.

배워요 2

연습 1

1. 은   2. 은   3. 는   4. 는

연습 2

① A: 저는 김서준이에요.
     저는 한국 사람이에요.
② A: 저는 나탈리예요.
     저는 프랑스 사람이에요.
③ A: 저는 카즈마예요.
     저는 일본 사람이에요.
④ A: 저는 크리스예요.
     저는 영국 사람이에요.

들어요

1. 1) ②   2) ②   3) ③
2. 서준, 안녕하세요, 어느 나라, 프랑스, 한국,
   반가워요

읽고 써요

1. 1) 마이클   2) ① X   ② O

5과 마이클이 학교에 가요

시작해요

2. 1) 공원   2) 식당
   3) 학교   4) 은행
   5) 약국

배워요 1

연습 1

1. 에 가요/와요　　　**2.** 에 가요/와요

3. 에 가요/와요　　　**4.** 에 가요/와요

연습 2

① A: 마이클 씨, 어디에 가요?
　B: 서점에 가요.
② A: 마이클 씨, 어디에 가요?
　B: 약국에 가요.
③ A: 마이클 씨, 어디에 가요?
　B: 도서관에 가요.
④ A: 마이클 씨, 어디에 가요?
　B: 화장실에 가요.

배워요 2

연습 1

1. 가　　**2.** 이　　**3.** 가　　**4.** 이

연습 2

① A: 누가 공원에 가요?
　B: 서준이 공원에 가요.
② A: 누가 식당에 가요?
　B: 마이클이 식당에 가요.
③ A: 누가 학교에 가요?
　B: 크리스가 학교에 가요.
④ A: 누가 은행에 가요?
　B: 나탈리가 은행에 가요.

들어요

1. 1) ③　　2) ①　　3) ②
2. 어디에 가요, 식당에 가요, 도서관에 가요

읽고 써요

1. 1) ①, ③　　　　　2) ① X　② X

6과 얼마예요?

시작해요

2. 1) 의자　　　　　2) 가방
　　3) 지갑　　　　　4) 공책

5) 볼펜　　　　　6) 핸드폰
7) 연필

배워요 1

연습 1

1. 백 오십　　　**2.** 오백

3. 삼천 사백　　　**4.** 오만 칠천 팔백 구십 이

연습 2

① A: 얼마예요?
　B: 육천 오백 원이에요.
② A: 얼마예요?
　B: 삼만 사천 원이에요.
③ A: 얼마예요?
　B: 오만 삼백 원이에요.

배워요 2

연습 1

1. 이거　　**2.** 그거　　**3.** 저거

연습 2

① A: 이거는 뭐예요?
　B: 티셔츠예요.
② A: 그거는 뭐예요?
　B: 모자예요.
③ A: 그거는 뭐예요?
　B: 치마예요.
④ A: 저거는 뭐예요?
　B: 바지예요.
⑤ A: 저거는 뭐예요?
　B: 코트예요.

들어요

1. 1) ②　　2) ①　　3) ① 티셔츠　② 바지
2. 얼마예요, 삼만, 만 오천, 그, 티셔츠는

읽고 써요

1. 1)-ⓑ　　2)-ⓐ　　3)-ⓒ
2. 1) 3,000　　2) 4,000

7과 비빔밥 한 그릇 주세요

시작해요

2. 1) 비빔밥　　　　　2) 김치찌개
　3) 떡볶이

배워요 1

연습 1

2. 둘　3. 셋　4. 넷　5. 다섯　6. 여섯
7. 일곱　8. 여덟　9. 아홉　10. 열

연습 2

① A: 뭐 드릴까요?
　B: 불고기 둘 주세요.
② A: 뭐 드릴까요?
　B: 김치찌개 다섯 주세요.
③ A: 뭐 드릴까요?
　B: 김밥 셋 주세요.
④ A: 뭐 드릴까요?
　B: 냉면 넷 주세요.

배워요 2

연습 1

1. 잔　2. 병　3. 그릇　4. 인분

연습 2

① A: 어서 오세요. 뭐 드릴까요?
　B: 자장면 한 그릇하고 콜라 두 병 주세요.
② A: 어서 오세요. 뭐 드릴까요?
　B: 빵 한 개하고 커피 한 잔 주세요.
③ A: 어서 오세요. 뭐 드릴까요?
　B: 삼겹살 사 인분하고 맥주 한 병 주세요.
④ A: 어서 오세요. 뭐 드릴까요?
　B: 사이다 한 병하고 갈비 삼 인분 주세요.

들어요

1. 1) ①　　2) ③　　3) ②
2. 비빔밥 하나, 삼 인분, 햄버거 세 개, 콜라 네 병

읽고 써요

1. 1)-ⓑ　2)-ⓐ　3)-ⓒ

2. 1) 냉면　2) 두 그릇　3) 맥주　4) 세 병

8과 카즈마 씨는 커피를 좋아해요?

시작해요

2. 1) 읽다　　　　　2) 만나다
　3) 먹다　　　　　4) 공부하다
　5) 마시다

배워요 1

연습 1

1. 앉아요　　　　　2. 만나요
3. 먹어요　　　　　4. 공부해요

연습 2

① A: 쇼핑해요?
　B: 네, 쇼핑해요.
② A: 만나요?
　B: 네, 만나요.
③ A: 먹어요?
　B: 네, 먹어요.
④ A: 마셔요?
　B: 네, 마셔요.

배워요 2

연습 1

1. 을　　　　　　　2. 을
3. 를　　　　　　　4. 를

연습 2

① A: 서준이 무엇을 해요?
　B: 드라마를 봐요.
② A: 나탈리가 무엇을 해요?
　B: 한국어를 공부해요.
③ A: 카즈마가 무엇을 해요?
　B: 친구를 만나요.
④ A: 크리스가 무엇을 해요?
　B: 비빔밥을 먹어요.

들어요

1. 1) ②　　2) ②　　3) ①

2. 공원, 운동을 좋아해요, 만나요, 시장, 쇼핑
을 해요

읽고 써요

1. 1) 교실이에요.   2) ①-ⓐ   ②-ⓒ   ③-ⓑ

9과 한국어가 재미있어요

시작해요

2. 1) 예쁘다   2) 맵다
3) 어렵다   4) 재미있다
5) 아프다

배워요 1

연습 1

1. 머리가 아파요   **2.** 이메일을 써요
3. 방이 커요   **4.** 링링이 예뻐요

연습 2

① A: 링링이 아파요?
  B: 네, 아파요.
② A: 방이 커요?
  B: 네, 커요.
③ A: 주엔이 예뻐요?
  B: 네, 예뻐요.
④ A: 나탈리가 이메일을 써요?
  B: 네, 이메일을 써요.

배워요 2

연습 1

1. 김치찌개가 매워요   **2.** 날씨가 추워요
3. 교실이 더워요   **4.** 한국어가 어려워요

연습 2

① A: 김치찌개가 매워요?
  B: 네, 매워요.
② A: 한국어가 어려워요?
  B: 네, 어려워요.
③ A: 도서관이 더워요?
  B: 네, 더워요.

④ A: 한국이 아름다워요?
  B: 네, 아름다워요.

들어요

1. 1) ①-ⓒ   ②-ⓑ   ③-ⓐ   2) ③
2. 바빠요, 재미있어요, 어려워요. 매워요.

읽고 써요

1. 1) 더워요.   2) ①

10과 은행이 어디에 있어요?

시작해요

2. 1) 에어컨이에요   2) 컴퓨터예요
3) 노트북이에요   4) 카드예요
5) 우산이에요   6) 안경이에요

배워요 1

연습 1

1. 에 있어요   **2.** 에 있어요
3. 에, 있어요   **4.** 에, 있어요

연습 2

① A: 식당이 어디에 있어요?
  B: 2층에 있어요.
② A: 약국이 어디에 있어요?
  B: 3층에 있어요.
③ A: 커피숍이 어디에 있어요?
  B: 4층에 있어요.
④ A: 병원이 어디에 있어요?
  B: 5층에 있어요.

배워요 2

연습 1

1. 도   **2.** 도

연습 2

① A: 식당에 뭐가 있어요?
  B: 김치찌개가 있어요. 된장찌개도 있어요.
② A: 방에 뭐가 있어요?

B: 컴퓨터가 있어요. 책도 있어요.
③ A: 옷 가게에 뭐가 있어요?
   B: 치마가 있어요. 바지도 있어요.
④ A: 마트에 뭐가 있어요?
   B: 사이다가 있어요. 휴지도 있어요.

들어요

1. 1) ①   2) ③   3) ①
2. 여보세요, 어디에, 에 있어요, 식당, 먹어요, 1층

읽고 써요

1. 1) 학생회관 1층에 있어요.   2) ① X   2) X

11과 저는 고기를 안 먹어요

시작해요

2. 1) 형   2) 여동생
     3) 누나   4) 남동생
     5) 어머니   6) 아버지

배워요 1

연습 1

1. 이 있어요   **2.** 이 있어요
3. 이 있어요   **4.** 가 있어요

연습 2

① A: 나탈리 씨는 여동생이 있어요'?
   B: 네, 있어요. 저는 여동생이 두 명 있어요.
② A: 서준 씨는 형이 있어요?
   B: 네, 있어요. 저는 형이 한 명 있어요.
③ A: 마이클 씨는 누나가 있어요?
   B: 네, 있어요. 저는 누나가 세 명 있어요.
④ A: 주엔 씨는 남동생이 있어요?
   B: 네, 있어요. 저는 남동생이 한 명 있어요.

배워요 2

연습 1

1. 저는 책을 안 읽어요
2. 오빠는 햄버거를 안 먹어요
3. 동생은 커피를 안 마셔요
4. 형은 한국어를 공부 안 해요

연습 2

① A: 나탈리 씨 남동생은 고기를 먹어요?
   B: 아니요, 고기를 안 먹어요.
② A: 나탈리 씨 여동생은 컴퓨터 게임을 해요?
   B: 네, 컴퓨터 게임을 해요.
③ A: 나탈리 씨 언니는 쇼핑을 좋아해요?
   B: 아니요, 쇼핑을 안 좋아해요.

들어요

1. 1) ②   2) ②   3) ③
2. 아니요, 없어요. 남동생이, 운동을, 공부를 좋
     아해요

읽고 써요

1. 1) 네   2) ① X   ② X   ③ X

12과 이쪽으로 가세요

시작해요

2. 1) 자동차   2) 자전거
     3) 지하철역   4) 버스
     5) 택시

배워요 1

연습 1

1. 공부하세요   **2.** 어서 오세요
3. 택시를 타세요   **4.** 이 책을 읽으세요

연습 2

① A: 책을 보세요
   B: 네, 알겠습니다.
② A: 안녕히 가세요.
   B: 네, 안녕히 계세요.
③ A: 이름을 쓰세요.
   B: 네, 알겠습니다.
④ A: 숙제를 하세요.
   B: 네, 알겠습니다.

배워요 2

연습 1

1. 으로   **2.** 로

3. 으로   **4.** 로

연습 2

① 왼쪽으로 가세요.
② 오른쪽으로 가세요.
③ 이쪽으로 가세요.
④ 저쪽으로 가세요.

들어요

1. 1) ①   2) ③
2. 1) 식당, 왼쪽에, 학교 옆에
   2) 오른쪽으로, 은행이

읽고 써요

1. 1) 서울불고기   2) ① O   ② X   ③ O

13과 한 시에 점심을 먹어요

시작해요

2. 1) 샤워해요   2) 세수해요
   3) 자요   4) 점심을 먹어요

배워요 1

연습 1

1. 두, 삼십   **2.** 네, 이십오
3. 여섯, 십팔   **4.** 열두, 사십칠

연습 2

① A: 지금 몇 시예요?
   B: 세 시예요.
② A: 지금 몇 시예요?
   B: 열 시 삼십 분이에요.
③ A: 지금 몇 시예요?
   B: 네 시 십칠 분이에요.
④ A: 지금 몇 시예요?
   B: 여덟 시 사십 분이에요.

배워요 2

연습 1

1. 에   **2.** 에   **3.** 에   **4.** 에

연습 2

① A: 서준 씨는 몇 시에 세수해요?
   B: 일곱 시 반에 세수해요.
② A: 서준 씨는 몇 시에 점심을 먹어요?
   B: 열두 시 반에 점심을 먹어요.
③ A: 서준 씨는 몇 시에 커피를 마셔요?
   B: 세 시에 커피를 마셔요.
④ A: 서준 씨는 몇 시에 샤워해요?
   B: 아홉 시에 샤워해요.

들어요

1. 1) ①–ⓑ   ②–ⓐ   ③–ⓒ   2) ②
2. 일곱 시 반, 여덟 시 오십 분, 한 시 반, 친구를 만나요

읽고 써요

1. 1) 7:00
   2) 아르바이트를 해요
   3) ① O   ② X

14과 전주에서 비빔밥을 먹고 싶어요

시작해요

2. 1) 도착해요   2) 호텔
   3) 예약해요   4) 모텔

배워요 1

연습 1

1. 에서   **2.** 에서

연습 2

① A: 링링 씨는 어디에서 텔레비전을 봐요?
   B: 집에서 텔레비전을 봐요.
② A: 카즈마 씨는 어디에서 우유를 사요?
   B: 마트에서 우유를 사요.
③ A: 나탈리 씨는 어디에서 운동해요?
   B: 공원에서 운동해요.
④ A: 마이클 씨는 어디에서 점심을 먹어요?
   B: 식당에서 점심을 먹어요.

배워요 2

연습 1

1. 4시에 출발하고 싶어요
2. 호텔에서 묵고 싶어요

연습 2

① A: 링링 씨, 어디에 가고 싶어요?
   B: 경주에 가고 싶어요.
   A: 거기에서 무엇을 하고 싶어요?
   B: 불국사를 보고 싶어요.
② A: 나탈리 씨, 어디에 가고 싶어요?
   B: 전주에 가고 싶어요.
   A: 거기에서 무엇을 하고 싶어요?
   B: 비빔밥을 먹고 싶어요.

들어요

1. 1) ③   2) ②   3) ①
2. 가고 싶어요, 사진을 찍고 싶어요, 닭갈비를
먹고 싶어요

읽고 써요

1. 1) ①   2) ②   3) ① X ② X

15과 금요일부터 일요일까지 여행을 가요

시작해요

2. 1) 일요일이에요   2) 수요일이에요
   3) 목요일이에요   4) 토요일이에요

배워요 1

연습 1

1. 이, 십구   **2.** 삼, 일
3. 유, 이십오   **4.** 시, 삼

연습 2

① A: 시험이 몇 월 며칠이에요?
   B: 사월 십칠일이에요.
② A: 방학이 몇 월 며칠이에요?
   B: 유월 이십육일이에요.
③ A: 한글날이 몇 월 며칠이에요?
   B: 시월 구일이에요.

④ A: 크리스마스가 몇 월 며칠이에요?
   B: 십이월 이십오일이에요.

배워요 2

연습 1

1. 화요일부터 목요일까지
2. 칠월 삼일부터 사일까지
3. 두 시부터 다섯 시까지
4. 오늘부터 내일까지

연습 2

① A: 언제 수영해요?
   B: 화요일 오후 네 시부터 다섯 시까지 수영
   해요.
② A: 언제 요리를 배워요?
   B: 목요일 오후 두 시부터 네 시까지 요리를
   배워요.
③ A: 언제 아르바이트를 해요?
   B: 수요일부터 금요일까지 아르바이트를 해요.
④ A: 언제 여행을 가요?
   B: 토요일부터 일요일까지 여행을 가요.

들어요

1. 1) ③   2) ③   3) ① X ② X
2. 언제, 월요일부터 목요일까지, 6월 24일부터 8
월 31일까지, 일본으로 여행을 가요

읽고 써요

1. 1) ②   2) ① X ② O ③ X

1과 한글 1 🎧

1. 모음(1)

연습 4

1) ① 아　　　　　2) ② 요
3) ① 야　　　　　4) ① 우
5) ② 이

연습 5

1) 이　　2) 오　　3) 우유　　4) 아이

2. 자음(1)

연습 4

1) ② 누　　　　　2) ① 두
3) ① 보　　　　　4) ② 다
5) ① 러

연습 5

1) 구　　　　　　2) 누나
3) 다리　　　　　4) 나라
5) 여기요

3. 자음(2)

연습 4

1) ① 이사　　　　2) ① 바다
3) ② 자주　　　　4) ② 스시
5) ② 비가

연습 5

1) 바지　　　　　2) 모자
3) 주스　　　　　4) 여자
5) 가수

● 한글 1 연습

3. 누구, 두부, 아기, 주스, 사자, 거기, 소수,
　다리미, 바지, 누구

2과 한글 2 🎧

1. 자음(3)

연습 4

1) ① 포즈　　　　2) ② 처리
3) ① 차도　　　　4) ① 코피
5) ② 파리

연습 5

1) 치즈　　　　　2) 하나
3) 치마　　　　　4) 포도
5) 휴지

2. 자음(4)

연습 4

1) ① 사요　　　　2) ① 아파
3) ② 쩌요　　　　4) ② 꼬리
5) ② 따르다

연습 5

1) 짜요　　　　　2) 가짜
3) 오빠　　　　　4) 싸요
5) 아저씨

3. 모음(2)

연습 4

1) ② 요기　　　　2) ① 시계
3) ① 베개　　　　4) ② 세기

연습 5

1) 해요　　　　　2) 가게
3) 주세요　　　　4) 예뻐요

4. 모음(3)

연습 4

1) ① 화자　　　　2) ① 의자
3) ① 회의　　　　4) ② 스웨터
5) ① 추워요

연습 5

1) 의사　　　　　2) 사과

3) 매워요　　　　　4) 웨이터
5) 쇠고기

● 한글 2 연습

3. 과자, 가게, 해요, 싸요, 타요, 포도, 찌개, 과자

 **3과** 한글 3

연습 4

1) ② 공　　　　　2) ① 약
3) ① 팔　　　　　4) ② 끈
5) ① 웃다

연습 5

1) 물　　　　　　2) 빵
3) 책　　　　　　4) 끝
5) 김치　　　　　6) 있다

연습 7

빵, 돈, 빗, 물, 닫다, 끝, 입, 빵

4과 저는 마이클이에요

A: 안녕하세요? 저는 서준이에요.
B: 네, 안녕하세요? 저는 나탈리예요.
A: 나탈리 씨는 어느 나라 사람이에요?
B: 저는 프랑스 사람이에요. 서준 씨는 이느 나
　라 사람이에요?
A: 저는 한국 사람이에요. 반가워요.
B: 반가워요.

5과 마이클이 학교에 가요

A: 마이클 씨, 안녕하세요?
B: 네, 안녕하세요? 주엔 씨, 어디에 가요?
A: 저는 식당에 가요. 친구가 식당에 와요.
　마이클 씨는 어디에 가요?
B: 저는 도서관에 가요.
A: 안녕히 가세요.

6과 얼마예요?

A: 안녕하세요? 이 가방이 얼마예요?
B: 삼만 원이에요.
A: 저 바지는 얼마예요?
B: 만 오천 원이에요.
A: 그 티셔츠는 얼마예요?
B: 이만 원이에요.

7과 비빔밥 한 그릇 주세요

1) A: 뭐 드릴까요?
　　B: 비빔밥 하나 주세요.
2) A: 어서 오세요. 뭐 드릴까요?
　　B: 삼겹살 삼 인분 주세요.
3) A: 여기요. 햄버거 세 개하고 콜라 네 병 주세
　　　요.
　　B: 네, 잠깐만 기다리세요.

8과 카즈마 씨는 커피를 좋아해요?

A: 서준 씨, 내일 무엇을 해요?
B: 공원에 가요. 운동해요.
　저는 운동을 좋아해요.
A: 아, 그래요?
B: 주엔 씨는 내일 무엇을 해요?
A: 저는 친구를 만나요.
　시장에 가요. 쇼핑을 해요.

9과 한국어가 재미있어요

A: 마이클 씨, 한국 생활이 어때요?
B: 바빠요. 한국어를 공부해요.
A: 한국어 공부는 어때요?
B: 재미있어요. 그런데 어려워요.
A: 한국 음식은 어때요?
B: 매워요.

10과 화장실이 어디에 있어요?

A: 여보세요. 크리스 씨, 지금 어디에 있어요?
B: 저는 도서관에 있어요. 링링 씨는 어디에 있어요?
A: 저는 식당에 있어요. 떡볶이를 먹어요. 크리스 씨, 빨리 와요. 같이 먹어요.
B: 식당은 어디에 있어요?
A: 기숙사 1층에 있어요.
B: 네, 지금 가요.

11과 저는 고기를 안 먹어요

A: 크리스 씨는 형이 있어요?
B: 아니요, 없어요. 저는 남동생이 한 명 있어요.
A: 남동생은 무엇을 좋아해요?
B: 운동을 좋아해요. 그런데 저는 운동을 안 좋아해요.
A: 크리스 씨는 무엇을 좋아해요?
B: 저는 공부를 좋아해요.

12과 이쪽으로 가세요

1) A: 식당이 어디에 있어요?
   B: 이쪽으로 가세요. 왼쪽에 학교가 있어요. 학교 옆에 식당이 있어요.
2) A: 은행이 어디에 있어요?
   B: 이쪽으로 쭉 가세요. 오른쪽으로 가세요. 은행이 있어요.

13과 한 시에 점심을 먹어요

A: 마이클 씨, 몇 시에 일어나요?
B: 일곱 시 반에 일어나요.
A: 몇 시에 학교에 가요?
B: 여덟 시 오십 분에 학교에 가요.
A: 몇 시에 점심을 먹어요?
B: 한 시 반쯤 점심을 먹어요.

A: 오후에 뭐 해요?
B: 친구를 만나요.

14과 전주에서 비빔밥을 먹고 싶어요

A: 수잔 씨, 방학에 무엇을 하고 싶어요?
B: 저는 춘천에 가고 싶어요.
A: 아, 그래요? 춘천에서 무엇을 하고 싶어요?
B: 춘천에서 사진을 찍고 싶어요.
A: 무엇을 먹고 싶어요?
B: 저는 닭갈비를 먹고 싶어요.

15과 금요일부터 일요일까지 여행을 가요

A: 주엔 씨, 시험이 언제예요?
B: 월요일부터 목요일까지예요.
A: 그럼 방학은 언제예요?
B: 6월 24일부터 8월 31일까지예요.
A: 방학에 뭐 해요?
B: 일본으로 여행을 가요.

Vocabulary	Korean
Germany	독일
Gimbap	김밥
girlfriend	여자 친구
glasses	안경
goodbye	안녕히 가세요
grape	포도
green tea	녹차
guesthouse	게스트하우스
Gyeongju	경주
Haeundae	해운대
hamburger	햄버거
Hangeul Proclamation Day	한글날
hat	모자
have	있다
head	머리
hello (on the phone)	여보세요
here	여기요
Hieut	히읗
hometown	고향
homework	숙제
hospital	병원
hot dog	핫도그
hotel	호텔
house	집
how about	어때요
how much is it?	얼마예요?
hundred	백
I	저, 나
I see	알겠습니다
Is that so?	그래요?
January	일월
Japan	일본
Jeonju	전주
juice	주스
July	칠월
June	유월
Kimchi	김치
Kimchi stew	김치찌개
kitchen	부엌
Korea	한국
Korean	한국 사람
Korean distilled spirits	소주
Korean life	한국 생활
Korean style bacon	삼겹살
Korean traditional cloth	한복
laptop	노트북

Vocabulary	Korean
leaf	잎
left side	왼쪽
light	빛
map	지도
March	삼월
Market	시장
mart	마트
May	오월
meat	고기
middle-aged man	아저씨
milk	우유
mobile phone	핸드폰
Monday	월요일
monetary unit of Korea	원
money	돈
motel	모텔
mother	어머니
mouth	입
movie	영화
Mr./Ms.	씨
my	제
name	이름
nice to meet you	(만나서) 반가워요
nine	구, 아홉
nine o'clock	아홉 시
notebook	공책
November	십일월
now	지금
October	시월
often	자주
older brother	오빠, 형
older sister	누나, 언니
one	하나, 일
one o'clock	한 시
outside	밖
p.m.	오후
pants	바지
park	공원
Peking Duck	북경 오리
pencil	연필
pencil case	필통
pension	펜션
pharmacy	약국
please give me	주세요
pork	돼지고기
post office	우체국
pretty	예뻐요
quickly	빨리

Vocabulary	Korean
refrigerator	냉장고
restaurant	식당
rib	갈비
right side	오른쪽
room	방
salty	짜요
Saturday	토요일
school	학교
school vacation	방학
September	구월
service	서비스
seven	칠, 일곱
seven o'clock	일곱 시
side	옆
singer	가수
six	육, 여섯
six o'clock	여섯 시
skirt	치마
snack	과자
soft tofu stew	순두부찌개
spicy	매워요
spicy grilled chicken	닭갈비
stir-fried rice cake	떡볶이
store	가게
straight	쭉
student	학생
student union	학생회관
subway	지하철
subway station	지하철역
Sunday	일요일
taxi	택시
teacher	선생님
television	텔레비전
ten	십, 열
ten o'clock	열 시
ten thousand	만
that side	저쪽
that thing	저거
that thing over there	그거
the Great Wall	만리장성
there	거기
this one	이것
this side	이쪽
this thing	이거
thousand	천
three	삼, 셋
three o'clock	세 시
Thursday	목요일
ticket	표

Vocabulary	Korean
tissue	휴지
to arrive	도착하다
to be beautiful	아름답다
to be big	크다
to be busy	바쁘다
to be cheap	싸다
to be cold	춥다
to be difficult	어렵다
to be famous	유명하다
to be fun	재미있다
to be hot	덥다
to be nice	좋다
to be pretty	예쁘다
to be sick	아프다
to be spicy	맵다
to book	예약하다
to buy	사다
to date	데이트(를) 하다
to depart	출발하다
to do homework	숙제하다
to do internet	인터넷하다
to do part-time job	아르바이트(를) 하다
to drink	마시다
to eat	먹다
to exercise	운동하다
to get up	일어나다
to go to travel	여행을 가다
to have lunch	점심을 먹다
to learn	배우다
to learn Korean	한국어를 배우다
to like	좋아하다
to love	사랑하다
to meet	만나다
to read	읽다
to see	보다
to shop	쇼핑하다
to sit	앉다
to sleep	자다
to stand	서다
to stay	묵다
to study	공부하다
to swim	수영(을) 하다
to take (a ride)	타다
to take a photo	사진을 찍다
to take a rest	쉬다
to take a shower	샤워하다
to teach	가르치다
to wash the face	세수하다
to write	쓰다

Vocabulary	Korean
tofu	두부
together	같이
toilet	화장실
Tokyo	도쿄
Tokyo Tower	도쿄 타워
tomorrow	내일
train	기차
T-shirt	티셔츠
Tuesday	화요일
twelve o'clock	열두 시
two	이, 둘
two o'clock	두 시
U.K.	영국
U.S.A.	미국
umbrella	우산
unit counter for bottles	병
unit counter for bowls	그릇
unit counter for cups	잔
unit counter for objects	개
unit counter for people	명
unit counter for portion	인분
university	대학교
usually	보통
very	아주
Vietnam	베트남
wait a minute	잠깐만 기다리세요
waiter	웨이터
wallet	지갑
water	물
we	우리
weather	날씨
Wednesday	수요일
weekend	주말
welcome	어서 오세요
what	뭐(=무엇)
what day is it?	무슨 요일이에요?
when	언제
where	어디
which	어느
who	누가
woman	여자
write	써요
younger brother	남동생
younger sister	여동생
zero	영, 공

새 단어	영어

제1과

이	two
오	five
아이	child
우유	milk
구	nine
나라	country
다리	legs
고기	meat
누나	older sister
어머니	mother
여기요	here
드라마	drama
두부	tofu
바지	pants
지도	map
모자	hat
주스	juice
가수	singer
여자	woman
바나나	banana

제2과

표	ticket
치즈	cheese
하나	one
휴지	tissue
코트	coat
치마	skirt
포도	grape
티셔츠	T-shirt
또	again
써요	write
짜요	salty
오빠	older brother
싸요	cheap
가짜	fake
아저씨	middle-aged man
바빠요	busy
개	dog
가게	store
해요	do
예뻐요	pretty
케이크	cake
주세요	please give me

새 단어	영어
회사	company
의사	doctor
사과	apple
과자	snack
쇠고기	beef
매워요	spicy
웨이터	waiter
돼지고기	pork

제3과

책	book
밖	outside
부엌	kitchen
돈	money
닫다	close
빗	comb
빚	debt
빛	light
끝	end
히읗	Hieut
있다	have
물	water
김치	Kimchi
입	mouth
잎	leaf
빵	bread

제4과

한국	Korea
중국	China
일본	Japan
미국	U.S.A.
프랑스	France
독일	Germany
영국	U.K.
호주	Australia
한국 사람	Korean
미국 사람	American
책	book
학생	student
친구	friend
베트남	Vietnam
저	I
제	my
이름	name
이것	this one
어느	which

새 단어	영어
씨	Mr./Ms.
반가워요	nice to meet you
그리고	and
대학교	university
만나서 반가워요	nice to meet you

제5과

학교	school
집	house
식당	restaurant
공원	park
교실	classroom
시장	market
커피숍	coffee shop
은행	bank
도서관	library
약국	pharmacy
어디	where
서점	bookstore
화장실	toilet
누가	who
선생님	teacher
안녕히 가세요	goodbye
지금	now

제6과

공책	notebook
연필	pencil
볼펜	ballpoint pen
핸드폰	mobile phone
가방	bag
지갑	wallet
책상	desk
의자	chair
영, 공	zero
일	one
이	two
삼	three
사	four
오	five
육	six
칠	seven
팔	eight
구	nine
십	ten
백	hundred
천	thousand

새 단어	영어
만	ten thousand
얼마예요?	how much is it?
원	monetary unit of Korea
이거	this thing
저거	that thing over there
그거	that thing
뭐=무엇	what
한복	Korean traditional cloth
컵라면	cup ramen
핫도그	hot dog
김밥	Gimbap

제7과

불고기	Bulgogi
삼겹살	Korean style bacon
자장면	black noodle
냉면	cold noodle
비빔밥	Bibimbap
김치찌개	Kimchi stew
순두부찌개	soft tofu stew
떡볶이	stir-fried rice cake
커피	coffee
콜라	cola
녹차	green tea
사이다	clear soda
하나	one
둘	two
셋	three
넷	four
다섯	five
여섯	six
일곱	seven
여덟	eight
아홉	nine
열	ten
개	unit counter for objects
병	unit counter for bottles
잔	unit counter for cups
그릇	unit counter for bowls
인분	unit counter for portion
맥주	beer
소주	Korean distilled spirits
어서 오세요	welcome
하고	and
갈비	rib
알겠습니다	I see
잠깐만 기다리세요	wait a minute
햄버거	hamburger

새 단어	영어

제8과

사다	to buy
만나다	to meet
보다	to see
먹다	to eat
읽다	to read
마시다	to drink
공부하다	to study
쇼핑하다	to shop
좋아하다	to like
배우다	to learn
운동하다	to exercise
앉다	to sit
서다	to stand
쉬다	to take a rest
영화	movie
내일	tomorrow
그래요?	Is that so?
자주	often
아메리카노	Caffe Americano
우리	we, us, our
반	class

제9과

좋다	to be nice
재미있다	to be fun
유명하다	to be famous
크다	to be big
아프다	to be sick
예쁘다	to be pretty
맵다	to be spicy
춥다	to be cold
어렵다	to be difficult
바쁘다	to be busy
쓰다	to write
머리	head
이메일	e-mail
방	room
덥다	to be hot
날씨	weather
아름답다	to be beautiful
고향	hometown
도쿄	Tokyo
좀	a little
도쿄 타워	Tokyo Tower
어때요	how about

새 단어	영어
한국 생활	Korean life
그런데	but
부산	Busan
해운대	Haeundae

제10과

필통	pencil case
안경	glasses
우산	umbrella
휴지	tissue
카드	card
노트북	laptop
컴퓨터	computer
에어컨	air-conditioner
기숙사	dormitory
층	floor
병원	hospital
과일 가게	fruit shop
옷 가게	clothes shop
마트	mart
냉장고	refrigerator
여보세요	hello (on the phone)
빨리	quickly
같이	together
학생회관	student union building
옆	side
우체국	postoffice
지하	basement
몇	how many

제11과

가족	family
아버지	father
어머니	mother
형	older brother
누나	older sister
나	I
남동생	younger brother
여동생	younger sister
오빠	older brother
언니	older sister
명	noun counter for people
여자 친구	girlfriend
게임	game
모두	all together
가르치다	to teach
경영학	business administration
사랑하다	to love
회사원	Company worker

새 단어	영어

제12과

버스	bus
지하철	subway
택시	taxi
기차	train
자동차	car
비행기	airplane
지하철역	subway station
버스 정류장	bus stop
공항	airport
타다	to take (a ride)
숙제	homework
오른쪽	right side
왼쪽	left side
이쪽	this side
저쪽	that side
쭉	straight
아주	very
싸다	to be cheap
서비스	service
무료	free of charge

제13과

일어나다	to get up
세수하다	to wash the face
점심을 먹다	to have lunch
한국어를 배우다	to learn Korean
인터넷하다	to do Internet
숙제하다	to do homework
샤워하다	to take a shower
자다	to sleep
한 시	one o'clock
두 시	two o'clock
세 시	three o'clock
네 시	four o'clock
다섯 시	five o'clock
여섯 시	six o'clock
일곱 시	seven o'clock
여덟 시	eight o'clock
아홉 시	nine o'clock
열 시	ten o'clock
열한 시	eleven o'clock
열두 시	twelve o'clock
오전	a.m.
오후	p.m.

새 단어	영어
아르바이트(를) 하다	to do part-time job
쯤	about
저녁	evening
그 다음에	after that

제14과

호텔	hotel
모텔	motel
게스트하우스	guesthouse
펜션	pension
예약하다	to book
묵다	to stay
출발하다	to depart
도착하다	to arrive
보통	usually
텔레비전	television
거기	there
사진을 찍다	to take a photo
경주	Gyeongju
불국사	Bulguksa
전주	Jeonju
만리장성	the Great Wall
북경 오리	Peking Duck
방학	school vacation
춘천	Chuncheon
닭갈비	spicy grilled chicken
표	ticket
흑돼지	black pork

제15과

일요일	Sunday
월요일	Monday
화요일	Tuesday
수요일	Wednesday
목요일	Thursday
금요일	Friday
토요일	Saturday
무슨 요일이에요?	what day is it?
일월	January
이월	February
삼월	March
사월	April
오월	May
유월	June
칠월	July

새 단어	영어
팔월	August
구월	September
시월	October
십일월	November
십이월	December
생일	birthday
시험	exam
한글날	Hangeul Proclamation Day
크리스마스	Christmas
언제	when
여행을 가다	to go to travel
요리	cooking
주말	weekend
수영(을) 하다	to swim
수업	class
데이트(를) 하다	to date
후	after
남자 친구	boyfriend

교환 학생을 위한 기초 한국어

초판발행	2018년 3월 5일
초판 7쇄	2025년 7월 22일
저자	박수연, 김동숙, 박진철
편집	권이준, 김아영, 윤상희
펴낸이	엄태상
디자인	박경미
콘텐츠 제작	김선웅, 장형진
마케팅본부	이승욱, 노원준, 조성민, 이선민, 김동우
경영기획	조성근, 최성훈, 김로은, 최수진, 오희연
물류	정종진, 윤덕현, 신승진, 구윤주
펴낸곳	한글파크
주소	서울시 종로구 자하문로 300 시사빌딩
주문 및 교재 문의	1588-1582
팩스	0502-989-9592
홈페이지	www.sisabooks.com
이메일	book_korean@sisadream.com
등록일자	2000년 8월 17일
등록번호	제300-2014-90호

ISBN 978-89-5518-570-6 (13710)

교환 학생을 위한

기초 한국어

Basic Korean
for exchange students

Workbook

한글파크

교환 학생을 위한

기초 **한국어**

Basic Korean
for exchange students

Workbook

공저 박수연 · 김동숙 · 박진철

한글파크

1 모음 (1)

1) 다음을 읽고 쓰세요.
Read and write the following syllables.

아	아				야	야			

어	어				여	여			

오	오				요	요			

우	우				유	유			

으	으				이	이			

2) 다음을 읽고 쓰세요.
Read and write the following words.

이
이

오
오

아	이
아	이

우	유
우	유

❷ 자음 (1)

1) 자음과 모음을 결합하여 음절을 만드세요.
Combine the vowels and the consonants below and make syllables.

	ㅏ	ㅑ	ㅓ	ㅕ	ㅗ	ㅛ	ㅜ	ㅠ	ㅡ	ㅣ
ㄱ	가				고				그	
ㄴ										
ㄷ		댜				됴				디
ㄹ							루			
ㅁ	마									

2) 다음을 읽고 쓰세요.
Read and write the following words.

구
구

나	라
나	라

다	리
다	리

고	기
고	기

누	나
누	나

어	머	니
어	머	니

여	기	요
여	기	요

드	라	마
드	라	마

3 자음 (2)

1) 자음과 모음을 결합하여 음절을 만드세요.
Combine the vowels and the consonants below and make syllables.

	ㅏ	ㅑ	ㅓ	ㅕ	ㅗ	ㅛ	ㅜ	ㅠ	ㅡ	ㅣ
ㅂ	바				보					비
ㅅ									스	
ㅇ	아					요				
ㅈ		쟈					주			

2) 다음을 읽고 쓰세요.
Read and write the following words.

두	부
두	부

바	지
바	지

지	도
지	도

모	자
모	자

주	스
주	스

가	수
가	수

여	자
여	자

바	나	나
바	나	나

1 자음 (3)

1) 자음과 모음을 결합하여 음절을 만드세요.
Combine the vowels and the consonants below and make syllables.

	ㅏ	ㅑ	ㅓ	ㅕ	ㅗ	ㅛ	ㅜ	ㅠ	ㅡ	ㅣ
ㅊ		챠						츄		
ㅋ			커		코					키
ㅌ				텨						
ㅍ	파					표			프	
ㅎ							후			

2) 다음을 읽고 쓰세요.
Read and write the following words.

표
표

치	즈
치	즈

하	나
하	나

휴	지
휴	지

코	트
코	트

치	마
치	마

포	도
포	도

티	셔	츠
티	셔	츠

2 자음 (4)

1) 자음과 모음을 결합하여 음절을 만드세요.
Combine the vowels and the consonants below and make syllables.

	ㅏ	ㅑ	ㅓ	ㅕ	ㅗ	ㅛ	ㅜ	ㅠ	ㅡ	ㅣ
ㄲ				껴						
ㄸ		땨							뜨	
ㅃ				뾰						
ㅆ		쎠						쓔		
ㅉ	짜									찌

2) 다음을 읽고 쓰세요.
Read and write the following words.

또
또

써	요
써	요

짜	요
짜	요

오	빠
오	빠

싸	요
싸	요

가	짜
가	짜

아	저	씨
아	저	씨

바	빠	요
바	빠	요

3 모음 (2)

1) 다음을 읽고 쓰세요.
   Read and write the following syllables.

애	애			

애	애			

에	에			

예	예			

2) 다음을 읽고 쓰세요.
   Read and write the following words.

개
개

가	게
가	게

해	요
해	요

예	뻐	요
예	뻐	요

케	이	크
케	이	크

주	세	요
주	세	요

4 모음 (3)

1) 다음을 읽고 쓰세요.
Combine the vowels and the consonants below and make syllables.

외	외				위	위			

와	와				워	워			

왜	왜				웨	웨			

의	의			

2) 다음을 읽고 쓰세요.
Read and write the following words.

회	사		의	사		사	과		쇠	고	기
회	사		의	사		사	과		쇠	고	기

과	자	매	워	요	웨	이	터	돼	지	고	기
과	자	매	워	요	웨	이	터	돼	지	고	기

1 다음 음절과 소리를 쓰세요.
Write the syllable and pronunciation.

음절 syllable	악	안	앋	알	암	압	앗	앙
음절 쓰기 syllable practice	악							
소리 쓰기 pronunciation practice	[악]							
음절 syllable	앚	앛	앜	앝	앞	앟	앞	았
음절 쓰기 syllable practice	앚				앞			
소리 쓰기 pronunciation practice	[앋]				[압]			

2 다음을 읽고 쓰세요.
Read and write the following words.

책
책

부	엌
부	엌

밖
밖

돈
돈

단	다
단	다

빗
빗

빛
빛

빚
빚

끝
끝

히	읗
히	읗

있	다
있	다

물
물

김	치
김	치

입
입

잎
잎

빵
빵

3 다음을 읽고 쓰세요.
Read and write the following sentences.

쓰	세	요				
들	으	세	요			
읽	으	세	요			
따	라		하	세	요	
알	겠	어	요	?		
질	문		있	어	요	?
네						
아	니	요				

제 **4** 과 　저는 마이클이에요

문법 연습 | Grammar Exercise

이에요/예요

1 '이에요/예요'를 사용해서 문장을 만드세요.
Complete each sentence using '이에요/예요'.

1) 중국이에요._____

2) 프랑스_____ .

3) 미국_____ .

4) 김치_____ .

5) _____ .

2 그림을 보고 대화를 완성하세요.
Look at the pictures and complete each dialogue.

1)
A : 한국 사람이에요?
B : 네, 한국 사람이에요._____

2)
A : 미국 사람이에요?
B : 네, _____ .

3)
A : 독일 사람이에요?
B : 네, _____ .

4)
A : 티셔츠예요?
B : 네, _____ .

5)
A : 빵이에요?
B : 네, _____ .

1 '은/는' 중 맞는 것을 고르세요.
Choose the correct marker between '은/는'.

1) 제 이름((은) / 는) 링링이에요.

2) 카즈마(은 / 는) 일본 사람이에요.

3) 마이클(은 / 는) 학생이에요.

4) 이것(은 / 는) 바나나예요.

5) 나탈리(은 / 는) 여자예요.

2 그림을 보고 문장을 완성하세요.
Look at the pictures and complete each sentence.

1)  저___는___ 마이클이에요.

2)  오빠_____ 의사예요.

3)  크리스_____ 영국 사람이에요.

4)  김서준_____.

5)  이깃_____.

4 과 저는 마이클이에요

<VOCA>

VOCA
단어 연습 | Vocabulary Exercise

1 빈칸에 알맞은 말을 쓰세요.
Fill in the blanks with the proper words.

1) 중국	2)	3)	4)

5)	6)	7)	8)

2 단어를 찾으세요.
Find and circle the words.

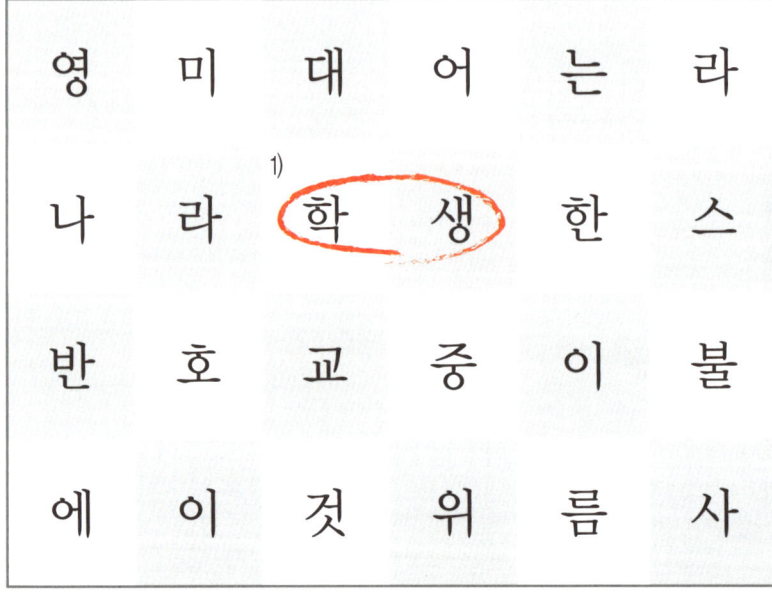

영	미	대	어	는	라
나	라	학	생	한	스
반	호	교	중	이	불
에	이	것	위	름	사

1) 학생
2) 대학교
3) 이름
4) 나라
5) 이것

제 5 과   마이클이 학교에 가요

문법 연습 Grammar Exercise

에 가요/와요

1 '에 가요/와요'를 사용해서 문장을 쓰세요.
Complete each sentence using '에 가요/와요'.

1) 서준, 도서관, 가요 → <u>서준은 도서관에 가요.</u>

2) 카즈마, 교실, 가요 → _____.

3) 주엔, 집, 와요 → _____.

4) 나탈리, 학교, 와요 → _____.

2 다음 그림을 보고 대화를 완성하세요.
Look at the pictures and complete each dialogue.

1)
A : 크리스 씨, 어디에 가요?
B : <u>공원에 가요.</u>

2)
A : 링링 씨, 어디에 가요?
B : _____.

3)
A : 주엔 씨, 어디에 가요?
B : _____.

4)
A : 마이클 씨, 어디에 가요?
B : _____.

5)
A : 나탈리 씨, 어디에 가요?
B : _____.

이/가

1 '이/가'를 사용해서 빈칸을 완성하세요.
Complete the table below using '이/가'.

명사(Noun)	이/가	명사(Noun)	이/가
마이클	1) 마이클이	선생님	6)
제니퍼	2)	오빠	7)
링링	3)	친구	8)
나탈리	4)	학생	9)
주엔	5)	어머니	10)

2 다음 대화를 완성하세요.
Complete each dialogue.

1)
크리스

A : 누가 식당에 가요?
B : 크리스가 식당에 가요.

2)
친구

A : 누가 한국에 와요?
B : _____ .

3)
어머니

A : 누가 시장에 가요?
B : _____ .

4)
선생님

A : 누가 교실에 와요?
B : _____ .

5)
링링

A : 누가 공원에 가요?
B : _____ .

단어 연습 Vocabulary Exercise

1 빈칸에 알맞은 말을 쓰세요.
Fill in the blanks with the proper words.

| 1) 학교 | 2) | 3) | 4) | 5) |
| 6) | 7) | 8) | 9) | 10) |

2 단어를 찾으세요.
Find and circle the words.

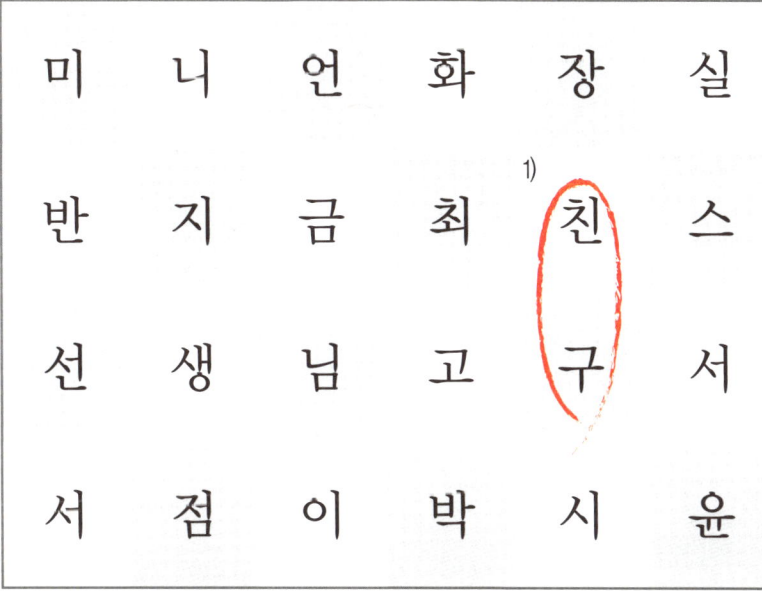

1) 친구
2) 선생님
3) 화장실
4) 서점
5) 지금

📖 문법 연습   Grammar Exercise

수1

1 다음 전화번호를 한글로 쓰세요.
Write the phone numbers in Korean.

1) 010-9210-7534   공일공 구이일공 칠오삼사_____

2) 02-343-4621   _____

3) 010-2277-5689   _____

4) 070-8945-6335   _____

5) 064-945-4478   _____

2 그림을 보고 대화를 완성하세요.
Look at the pictures and complete each dialogue.

1)
₩800

A : 얼마예요?
B : 팔백 원이에요._____

2)
₩2,000

A : 얼마예요?
B : _____ .

3)
₩23,000

A : 얼마예요?
B : _____ .

4)
₩34,500

A : 얼마예요?
B : _____ .

5)
₩150,000

A : 얼마예요?
B : _____ .

1 다음 그림을 보고 '이거, 그거, 저거'를 쓰세요.

Look at the pictures and fill in the blanks using '이거/그거/저거'.

1) 이거

2) 3)

4) 5)

2 그림을 보고 '이/그/저'를 사용해서 대화를 완성하세요.

Look at the picture and complete each dialogue using '이/그/저'.

1) A : 이 물은 얼마예요?

   B : 천 원이에요.

2) A : ____ 컵라면은 얼마예요?

   B : 삼천 원이에요.

3) A : _____ 휴지는 얼마예요?

   B : _____.

4) A : 이 핫도그는 얼마예요?

   B : 천오백 원이에요.

5) A : 그 _____?

   B : _____.

6) A : 저 _____?

   B : _____.

VOCA
단어 연습 Vocabulary Exercise

1 빈칸에 알맞은 말을 쓰세요.
Fill in the blanks with the proper words.

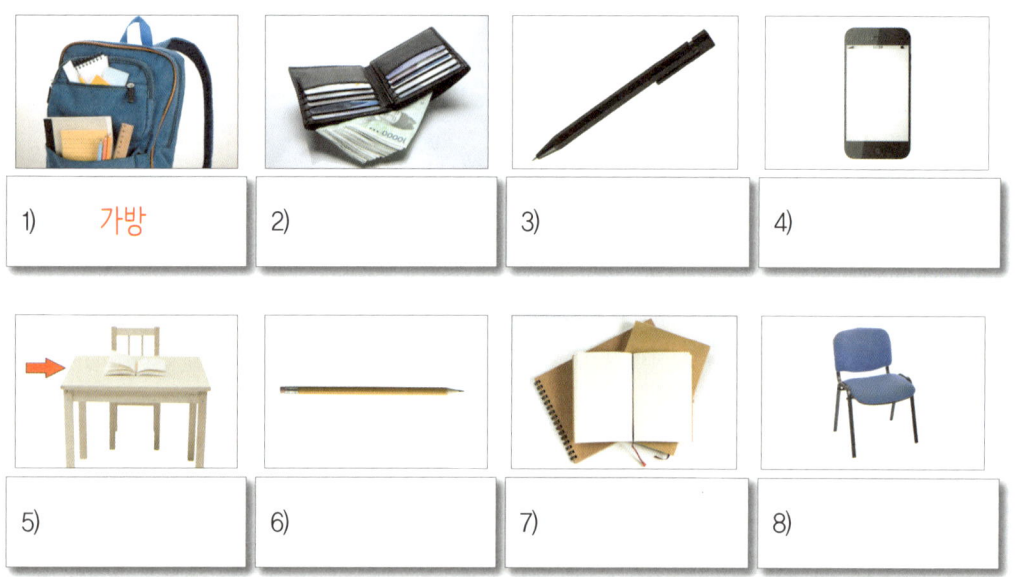

1) **가방**	2)	3)	4)

5)	6)	7)	8)

2 다음 문장을 완성하세요.
Complete each sentence.

뭐   원   한복   핫도그✓   얼마예요?

1) ___핫도그___ 주세요.

2) 저 김밥은 _____

3) 이거는 _____예요?

4) 이거는 삼천 _____이에요.

5) _____이/가 예뻐요.

문법 연습   Grammar Exercise

수 2

1 다음 숫자를 한글로 쓰세요.
Write the number in Korean.

1	2	3	4	5
1) 하나	2)	3)	4)	5)

6	7	8	9	10
6)	7)	8)	9)	10)

2 그림을 보고 대화를 완성하세요.
Look at the pictures and complete each dialogue.

1)
   A : 뭐 드릴까요?
   B : 사과 ___셋___ 주세요.

2)
   A : 뭐 드릴까요?
   B : 콜라 _____ 주세요.

3)
   A : 뭐 드릴까요?
   B : 불고기 _____ 주세요.

4)
   A : 뭐 드릴까요?
   B : 자장면 _____ 주세요.

5)
   A : 뭐 드릴까요?
   B : _____ _____ 수세요.

개, 병, 잔, 그릇, 인분

1 빈칸을 채우세요.
Fill in the blanks.

1개	2개	3개	4개	5개
1) 한 개	2)	3)	4)	5)

6개	7개	8개	9개	10개
6)	7)	8)	9)	10)

2 그림을 보고 대화를 완성하세요.
Look at the pictures and complete each dialogue.

1)

A : 뭐 드릴까요?
B : 콜라 네 잔 주세요.

2)

A : 뭐 드릴까요?
B : 맥주 _____ _____ 주세요.

3)

A : 뭐 드릴까요?
B : 빵 _____ _____ 주세요.

4)

A : 뭐 드릴까요?
B : 자장면 _____ _____ 하고 사이다 _____ _____ 주세요.

5)

A : 뭐 드릴까요?
B : _____.

1 빈칸에 알맞은 말을 쓰세요.
Fill in the blanks with the proper words.

1) **불고기**	2)	3)	4)
5)	6)	7)	8)

2 다음 문장을 완성하세요.
Complete each sentence.

갈비　　하고　　햄버거　　뭐 드릴까요?　　잠깐만 기다리세요

1) A : 뭐 드릴까요?
　　B : 비빔밥 한 그릇 주세요.

2) A : 커피 두 잔 주세요.
　　B : 네, _____.

3) A : 여기요. 자장면 한 그릇 _____ 콜라 한 병 주세요.
　　B : 네, 알겠습니다.

4) A : 뭐 드릴까요?
　　B : _____ 이 인분 주세요.

5) A : 어서 오세요.
　　B : _____ 두 개 주세요.

 문법 연습 Grammar Exercise

-아요/어요

1 '-아요/어요'를 사용해서 빈칸을 완성하세요.
Complete the table below using '-아요/아요'.

기본형 (infinitive form)	-아요/어요	기본형 (infinitive form)	-아요/어요
앉다	1) 앉아요	먹다	6)
마시다	2)	공부하다	7)
읽다	3)	가다	8)
배우다	4)	좋아하다	9)
보다	5)	만나다	10)

2 다음 그림을 보고 대화를 완성하세요.
Look at the pictures and complete each dialogue.

1) 쇼핑하다

A : 쇼핑해요? _____
B : 네, 쇼핑해요. _____

2) 마시다

A : _____?
B : _____.

3) 읽다

A : _____?
B : _____.

4) 가다

A : _____?
B : _____.

5) 먹다

A : _____?
B : _____.

을/를

1 '을/를'을 사용해서 빈칸을 완성하세요.

Complete the table below using '을/를'.

명사(noun)	을/를	명사(noun)	을/를
책	1) 책을	친구	6)
영화	2)	빵	7)
커피	3)	우유	8)
선생님	4)	김밥	9)
한국어	5)	핸드폰	10)

2 다음 대화를 완성하세요.

Complete each dialogue.

1)
빵, 먹다

A : 마이클이 무엇을 해요?
B : 빵을 먹어요. _____

2)
한국어, 배우다

A : 마이클이 무엇을 해요?
B : _____ _____ .

3)
콜라, 마시다

A : 마이클이 무엇을 해요?
B : _____ .

4)
책, 읽다

A : 마이클이 무엇을 해요?
B : _____ .

5)
텔레비전, 보다

A : 마이클이 무엇을 해요?
B : _____ .

단어 연습 Vocabulary Exercise

1 빈칸에 알맞은 말을 쓰세요.
Fill in the blanks with the proper words.

1)   사다

2)

3)

4)

5)

6)

7)

8)

9)

2 다음을 연결하세요.
Connect each picture with the correct word.

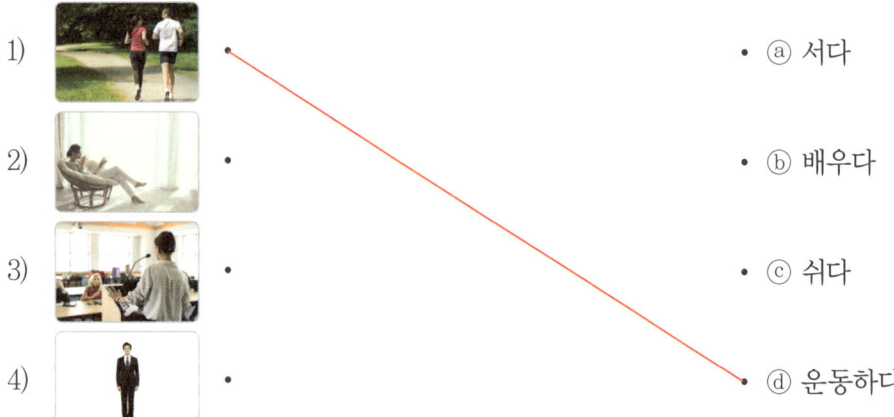

1)   • ⓐ 서다

2)   • ⓑ 배우다

3)   • ⓒ 쉬다

4)   • ⓓ 운동하다

 문법 연습　Grammar Exercise

으 탈락

1　'–아요/어요'를 사용해서 빈칸을 완성하세요.
Complete the table below using '–아요/어요'.

기본형 (infinitive form)	–아요/어요	기본형 (infinitive form)	–아요/어요
아프다	1)　아파요	쓰다	4)
크다	2)	바쁘다	5)
예쁘다	3)	고프다	6)

2　'–아요/어요'를 사용해서 문장을 쓰세요.
Write each sentence using '–아요/어요'.

1)
머리, 아프다　　　머리가 아파요. _____

2)
꽃, 예쁘다　　　_____ .

3)
배, 고프다　　　_____ .

4)
교실, 크다　　　_____ .

5)
선생님, 바쁘다　　　_____ .

ㅂ 불규칙

1 '−아요/어요'를 사용해서 빈칸을 완성하세요.
Complete the table below using '−아요/어요'.

기본형 (infinitive form)	−아요/어요	기본형 (infinitive form)	−아요/어요
맵다	1) 매워요	어렵다	4)
덥다	2)	아름답다	5)
춥다	3)	가깝다	6)

2 다음 대화를 완성하세요.
Complete each dialogue.

1)
| 떡볶이, 맵다 |

A : 떡볶이가 매워요?
B : 네, 매워요.

2)
| 집, 가깝다 |

A : _____ ?
B : _____ .

3)
| 교실, 덥다 |

A : _____ ?
B : _____ .

4)
| 날씨, 춥다 |

A : _____ ?
B : _____ .

5)
| 한국어, 어렵다 |

A : _____ ?
B : _____ .

VOCA 단어 연습 | Vocabulary Exercise

1 빈칸에 알맞은 말을 쓰세요.

Fill in the blanks with the proper words.

1) 좋다

2)

3)

4)

5)

6)

7)

8)

9)

2 다음을 연결하세요.

Connect each picture with the correct word.

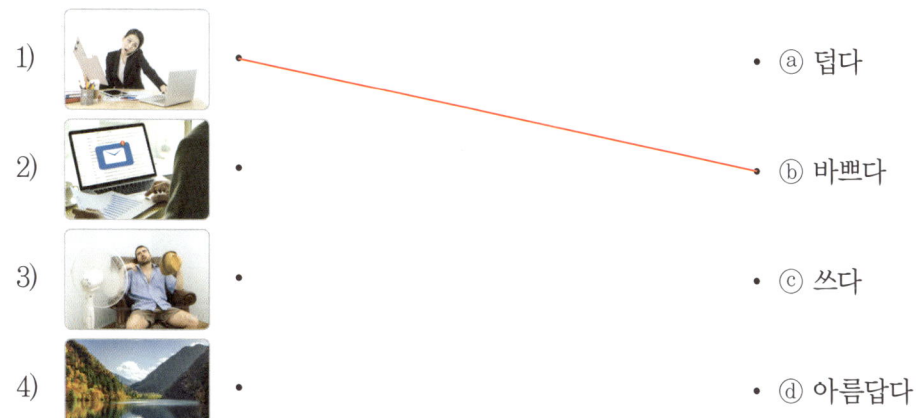

1) · · ⓐ 덥다

2) · · ⓑ 바쁘다

3) · · ⓒ 쓰다

4) · · ⓓ 아름답다

문법 연습   Grammar Exercise

에 있다

1 '에 있다'를 사용해서 문장을 완성하세요.
Complete each sentence using '에 있다'.

1) 나탈리, 서점   나탈리가 서점에 있어요.

2) 주엔, 도서관   _____ .

3) 카즈마, 식당   _____ .

4) 크리스, 기숙사   _____ .

2 그림을 보고 대화를 완성하세요.
Look at the picture and complete each dialogue.

1)

A : 돈이 어디에 있어요?
B : 지갑에 있어요.

2)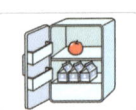

A : 휴지가 어디에 있어요?
B : 가방_____ .

3)

A : 링링 씨가 어디에 있어요?
B : 도서관_____

4)

A : 사과가 어디에 있어요?
B : _____ .

5)

A : 마이클 씨가 _____?
B : _____ .

1 '도'를 사용해서 문장을 완성하세요.

Complete each sentence using '도'.

1) 교실에 책상이 있어요. 의자도 있어요.

2) 방에 컴퓨터가 있어요. 에어컨_____.

3) 저는 학생이에요. 영주 씨_____.

4) 가방에 휴지가 없어요. 지갑_____.

5) 저는 한국 사람이에요. 서준 씨_____.

2 그림을 보고 대화를 완성하세요.

Look at the pictures and complete each dialogue.

1)

A : 교실에 일본 사람이 있어요?

B : 네, 있어요.

A : 미국 사람도 있어요?

B : 네, 미국 사람도 있어요.

2)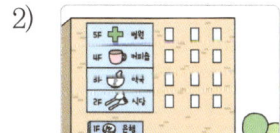

A : 학생회관에 은행이 있어요?

B : 네, 있어요.

A : 식당_____?

B : 네, _____.

3)

A : 도서관에 링링이 있어요?

B : 네, 있어요.

A : 서준_____?

B : 네, _____.

4)

A : 마이클이 학교에 가요?

B : 네, 학교에 가요.

A : 주엔_____?

B : 네, _____.

제 **10** 과   은행이 어디에 있어요?

단어 연습 | Vocabulary Exercise

1 빈칸에 알맞은 말을 쓰세요.
Fill in the blanks with the proper words.

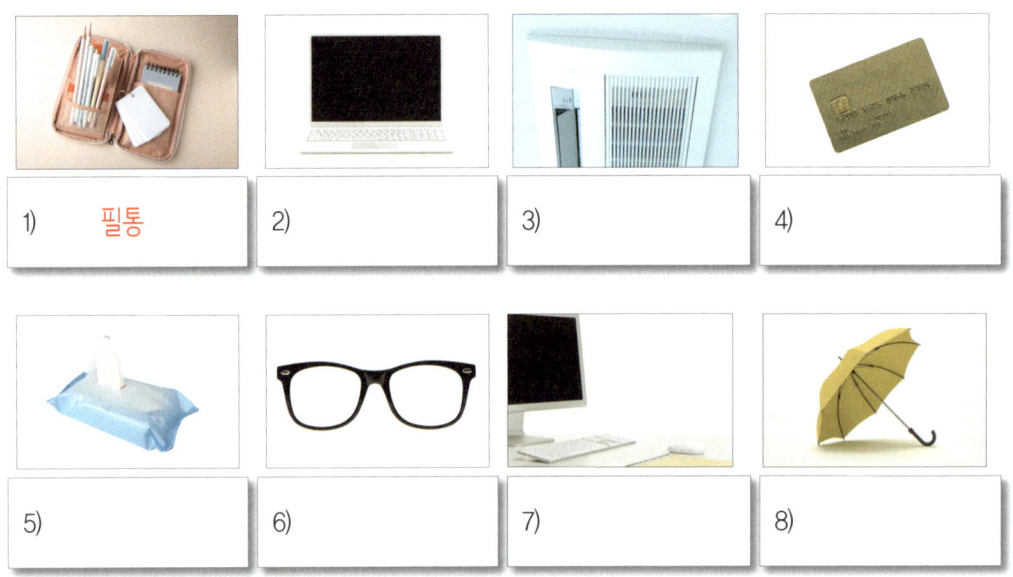

1) 필통	2)	3)	4)
5)	6)	7)	8)

2 다음 문장을 완성하세요.
Complete each sentence.

옆   ✓층   병원   냉장고   옷 가게

1) 화장실은 3 <u>층</u> 에 있어요.

2) _____ 에 바지하고 치마가 많아요.

3) 마이클 씨가 아파요. 그래서 _____ 에 가요.

4) _____ 에 사과하고 바나나가 있어요.

5) 은행 _____ 에 서점도 있어요.

제 **11** 과   저는 고기를 안 먹어요

📖 **문법 연습** Grammar Exercise

이/가 있다

1 다음 그림을 보고 문장을 쓰세요.
Look at the picture and complete each sentence.

1) 카즈마는 노트북이 있어요.

2) 카즈마는 안경이 _____.

3) 카즈마는 연필이 _____.

4) 카즈마는 _____.

5) _____.

2 다음 그림을 보고 대화를 완성하세요.
Look at the picture and complete each dialogue.

1)

A : 나탈리 씨는 책이 있어요?
B : 네, 책이 있어요. _____

2)

A : 주엔 씨는 남자 친구가 있어요?
B : 네, _____.

3)

A : 크리스 씨는 돈이 있어요?
B : 아니요, 크리스 씨는 _____.

4)

A : 나탈리 씨는 여동생이 있어요?
B : 아니요, 나탈리 씨는 _____.

5)

A : 김서준 씨는 형이 있어요?
B : 네, 김서준 씨는 _____.

안

1 '안'을 사용해서 문장을 완성하세요.
Complete each sentence using '안'.

1) 고향, 춥다 → 고향이 안 추워요.

2) 한국어, 어렵다 → _____ .

3) 저, 김치, 먹다 → _____ .

4) 동생, 학교, 가다 → _____ .

5) 오빠, 운동하다 → _____ .

2 다음 대화를 완성하세요.
Complete each dialogue.

1)
A : 링링이 텔레비전을 봐요?
B : 아니요, 텔레비전을 안 봐요.

2)
A : 링링이 책을 읽어요?
B : 아니요, _____ .

3)
A : 링링이 커피를 마셔요?
B : 아니요, _____ .

4)
A : 링링이 내일 친구를 만나요?
B : 아니요, _____ .

5)
A : 링링이 한국어를 공부해요?
B : 아니요, _____ .

1 빈칸에 알맞은 말을 쓰세요.
Fill in the blanks with the proper words.

1) 어머니

2) _____

3) _____

4) _____

나

5) _____

6) _____

7) _____

8) _____

나

9) _____

10) _____

2 다음 문장을 완성하세요.
Complete each sentence.

게임　　모두　　가르치다　　✓사랑하다　　여자 친구

1) 저는 한국을 사랑해요_____.

2) 컴퓨터 _____은/는 재미있어요.

3) 제 _____은/는 한국 사람이에요.

4) 언니는 영어를 _____.

5) 김밥 천 원, 떡볶이 이천 원, _____ 삼천 원이에요.

문법 연습 Grammar Exercise

-으세요/세요

1 '–으세요/세요'를 사용해서 문장을 쓰세요.
Write each sentence using '–으세요/세요'.

1) 어서 오다 → 어서 오세요. _____

2) 이 버스를 타다 → _____.

3) 여기에 앉다 → _____.

4) 빨리 가다 → _____.

5) 비빔밥 한 그릇 주다 → _____.

2 알맞은 동사를 찾아 대화를 완성하세요.
Complete each dialogue with the proper verb.

가다   앉다   보다   ⌄사다   읽다

1) A : 이 코트가 어때요?
   B : 예뻐요. 이 코트를 사세요. _____

2) A : 이 책이 어때요?
   B : 재미있어요. 이 책을 _____.

3) A : 이 영화가 어때요?
   B : 좋아요. 이 영화를 _____.

4) A : 다리가 아파요.
   B : 여기 _____.

5) A : 머리가 아파요.
   B : 병원에 _____.

으로/로

1 '으로/로'를 사용해서 문장을 완성하세요.

Complete each sentence using '으로/로'.

1) 학교(로) 가요. 2) 고향(   ) 가요.

3) 우체국(   ) 가요. 4) 일본(   ) 가요.

5) 지하철역(   ) 가요. 6) 서울(   ) 가요.

2 그림을 보고 대화를 완성하세요.

Look at the pictures and complete each dialogue.

1)  A : 병원이 어디에 있어요?

B : <u>오른쪽으로 가세요.</u>

2)  A : 화장실이 어디에 있어요?

B : 왼쪽_____.

3)  A : 학교가 어디에 있어요?

B : 이쪽_____.

4)  A : 마트가 어디에 있어요?

B : 저쪽_____.

5)  A : 버스 정류장이 _____?

B : 학교 쪽_____.

VOCA
단어 연습 Vocabulary Exercise

1 빈칸에 알맞은 말을 쓰세요.
Fill in the blanks with the proper words.

1) **자동차**

2)

3)

4)

5)

6)

2 다음을 연결하세요.
Connect each picture with the correct word.

1)  •

• ⓐ 오른쪽

2)  •

• ⓑ 왼쪽

3)  •

• ⓒ 버스 정류장

4)  •

• ⓓ 공항

5)  •

• ⓔ 지하철역

문법 연습　Grammar Exercise

시간

1 빈칸을 채우세요.
Fill in the blanks.

1시	2시	3시	4시	5시	6시
1) 한 시	2)	3)	4)	5)	6)

7시	8시	9시	10시	11시	12시
7)	8)	9)	10)	11)	12)

10분	15분	20분	30분	45분	50분
13)	14)	15)	16)	17)	18)

2 다음 그림을 보고 대화를 완성하세요.
Look at the pictures and complete each dialogue.

1) **06:15**

A : 지금 몇 시예요?
B : 여섯 시 십오 분이에요.

2) **01:30**

A : 지금 몇 시예요?
B : _____.

3) **12:49**

A : 지금 몇 시예요?
B : _____.

4) **11:25**

A : 지금 몇 시예요?
B : _____.

5) **08:17**

A : 지금 몇 시예요?
B : _____.

에

1 '에'를 사용해서 문장을 완성하세요.
Complete each sentence using '에'.

1) **06:15** 일어나다
링링 씨는 <u>여섯 시 십 오분에 일어나요.</u>

2) **04:00** 친구를 만나다
링링 씨는 _____.

3) **09:00** 커피를 마시다
링링 씨는 _____.

4) **06:30** 저녁을 먹다
링링 씨는 _____.

5) **11:00** 영어를 배우다
링링 씨는 _____.

2 다음 대화를 완성하세요.
Complete each dialogue.

1) <u>주엔 씨는 일곱 시 반에 일어나요.</u>

2) _____.

3) _____.

4) _____.

1 빈칸에 알맞은 말을 쓰세요.
Fill in the blanks with the proper words.

| 1) 일어나다 | 2) | 3) | 4) |

| 5) | 6) | 7) | 8) |

2 다음 문장을 완성하세요.
Complete each sentence.

쯤   오전✓   저녁   그 다음에   아르바이트를 하다

1) 마이클 씨는 __오전__ 열 시에 한국어를 공부해요.

2) 주엔 씨는 오후에 _____.

3) 저는 열두 시 _____에 점심을 먹어요.

4) 링링 씨는 여섯 시에 _____을/를 먹어요.

5) 김서준 씨는 저녁에 운동을 해요. _____ 샤워해요.

제 **14** 과　전주에서 비빔밥을 먹고 싶어요

문법 연습　Grammar Exercise

에서

1 알맞은 것을 연결하세요.
Connect with the correct picture.

1)  •

2)  •

3)  •

4)  •

• ⓐ 한국어를 공부해요

• ⓑ 점심을 먹어요

• ⓒ 커피를 마셔요

• ⓓ 책을 사요

2 다음 대화를 완성하세요.
Complete each dialogue.

1)
쇼핑하다

A : 오늘 뭐 해요?
B : 시장에 가요. 시장에서 쇼핑해요.

2)
친구를 만나다

A : 오늘 뭐 해요?
B : _____.

3)
책을 읽다

A : 오늘 뭐 해요?
B : _____.

4)
한국어를 공부하다

A : 오늘 뭐 해요?
B : _____.

-고 싶다

1 '–고 싶다'를 사용해서 빈칸을 완성하세요.
Complete the table below using '–고 싶다'.

기본형 (infinitive form)	–고 싶다	기본형 (infinitive form)	–고 싶다
가다	1) 가고 싶다	먹다	4)
사다	2)	찍다	5)
만나다	3)	읽다	6)

2 다음 대화를 완성하세요.
Complete each dialogue.

1)
삼겹살
A : 링링 씨, 무엇을 먹고 싶어요?
B : 저는 삼겹살을 먹고 싶어요.

2)
커피숍
A : 주엔 씨, 어디에 _____ ?
B : _____ .

3)
핸드폰
A : 나탈리 씨, 무엇을 _____ ?
B : _____ .

4)
마이클
A : 카즈마 씨, 누구를 _____ ?
B : _____ .

5)
호텔
A : 서준 씨, 어디에서 _____ ?
B : _____ .

1 빈칸에 알맞은 말을 쓰세요.
Fill in the blanks with the proper words.

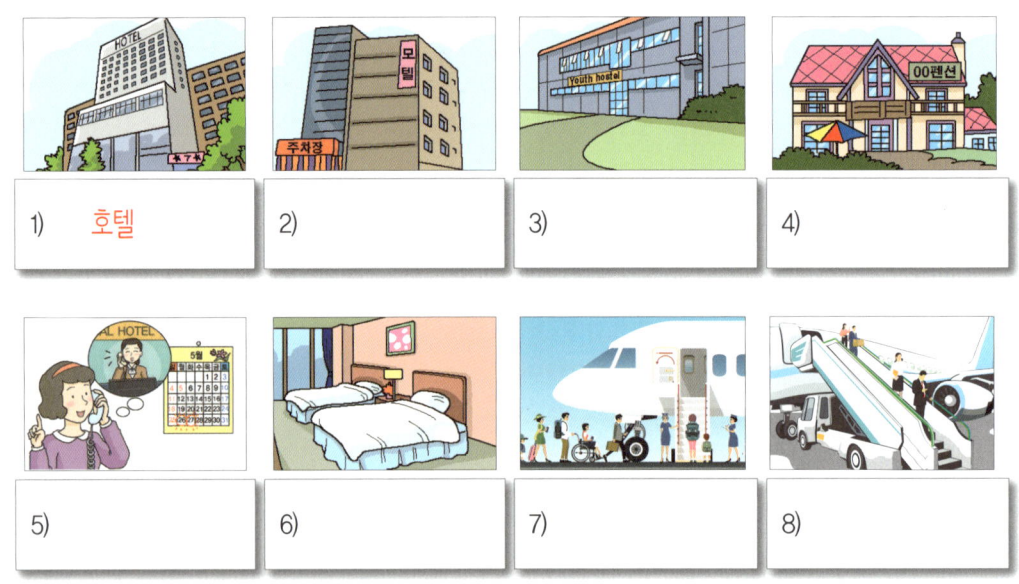

| 1) 호텔 | 2) | 3) | 4) |

| 5) | 6) | 7) | 8) |

2 다음 문장을 완성하세요.
Complete each sentence.

사진   호텔   닭갈비   텔레비전   비행기 표

1) 방학에 제주도에 가요. ____비행기 표____ 를 예약해요.

2) 춘천은 _____이/가 유명해요.

3) 친구와 _____을/를 찍어요.

4) 주말에 보통 _____을/를 봐요.

5) 부산에 가요. _____에서 묵고 싶어요.

문법 연습   Grammar Exercise

날짜

1 빈칸을 채우세요.
Fill in the blanks.

1월	2월	3월	4월	5월	6월
1) 일월	2)	3)	4)	5)	6)

7월	8월	9월	10월	11월	12월
7)	8)	9)	10)	11)	12)

1일	5일	10일	16일	23일	31일
13)	14)	15)	16)	17)	18)

2 다음 그림을 보고 대화를 완성하세요.
Look at the pictures and complete each dialogue.

1) 3월 5일 오늘
A : 오늘이 몇 월 며칠이에요?
B : 삼월 오일이에요. _____

2) 8월 2일 생일
A : 생일이 몇 월 며칠이에요?
B : _____ .

3) 6월 20일 방학
A : 방학이 몇 월 며칠이에요?
B : _____ .

4) 10월 17일 시험
A : 시험이 몇 월 며칠이에요?
B : _____ .

부터 ~ 까지

1 '부터 ~ 까지'를 사용해서 문장을 완성하세요.
Complete each sentence using '부터 ~ 까지'.

1) 6:00 ~ 7:00 (운동을 하다)

→ 크리스 씨는 여섯 시부터 일곱 시까지 운동을 해요.

2) 10:00 ~ 12:00 (한국어를 배우다)

→ 링링 씨는 _____.

3) 12:30 ~ 1:30 (점심을 먹다)

→ 마이클 씨는 _____.

4) 4:00 ~ 5:30 (숙제를 하다)

→ 주엔 씨는 _____.

5) 9:00 ~ 5:00 (일하다)

→ 김서준 씨는 _____.

2 그림을 보고 대화를 완성하세요.
Look at the pictures and complete each dialogue.

<나탈리의 하루 일과>
▶ 오전 9:00 ~ 11:00
  (한국어를 배우다)
▶ 오후 1:00 ~ 2:00
  (점심을 먹다)
▶ 오후 3:00 ~ 5:00
  (숙제하다)
▶ 저녁 8:30 ~ 10:00
  (드라마를 보다)

1) A : 나탈리 씨, 언제 한국어를 배워요?

B : 오전 아홉 시부터 열한 시까지 한국어를 배워요.

2) A : 나탈리 씨, 언제 점심을 먹어요?

B : _____.

3) A : 나탈리 씨, 언제 숙제해요?

B : _____.

4) A : 나탈리 씨, _____?

B : _____.

단어 연습 **Vocabulary Exercise**

1 빈칸에 알맞은 말을 쓰세요.
Fill in the blanks with the proper words.

Sunday	Monday	Tuesday	Wednesday	Thursday	Friday	Saturday
1) 일요일	2)	3)	4)	5)	6)	7)

2 다음 문장을 완성하세요.
Complete each sentence.

방학   언제   ✓요리   여행(을) 가다   데이트(를) 하다

1) 저는 __요리__ 를 좋아해요.

2) A : _____ 이/가 몇 월 며칠이에요?
    B : 십이월 십오일이에요.

3) A : 시험이 _____ 이에요/예요?
    B : 유월 십일부터예요.

4) 김서준 씨는 크리스마스에 일본으로 _____.

5) 링링 씨는 주말에 남자 친구하고 _____.

④ 과 저는 마이클이에요

💡 **문법 연습** Grammar Exercise

이에요/예요

1. 2) 예요   3) 이에요   4) 예요   5) 책이에요
2. 2) 미국 사람이에요   3) 독일 사람이에요   4) 티셔츠예요   5) 빵이에요

은/는

1. 2) 는   3) 은   4) 은   5) 는
2. 2) 는   3) 는   4) 은 한국 사람이에요   5) 은 바나나예요

VOCA **단어 연습** Vocabulary Exercise

1. 2) 일본   3) 영국   4) 프랑스   5) 독일   6) 호주   7) 한국 사람   8) 미국 사람

2.

영	미	2) 대	어	는	라
4) 나	라	1) 학	생	한	스
반	호	교	중	3) 이	불
에	5) 이	것	위	름	사

⑤ 과 마이클이 학교에 가요

💡 **문법 연습** Grammar Exercise

에 가요/와요

1. 2) 카즈마는 교실에 가요   3) 주엔은 집에 와요   4) 나탈리는 학교에 와요
2. 2) 은행에 가요   3) 시장에 가요   4) 약국에 가요   5) 식당에 가요

이/가

1.

명사(Noun)	이/가	명사(Noun)	이/가
마이클	1) 마이클이	선생님	6) 선생님이
제니퍼	2) 제니퍼가	오빠	7) 오빠가
링링	3) 링링이	친구	8) 친구가
나탈리	4) 나탈리가	학생	9) 학생이
주엔	5) 주엔이	어머니	10) 어머니가

2. 2) 친구가 한국에 와요   3) 어머니가 시장에 가요   4) 선생님이 교실에 와요   5) 링링이 공원에 가요

 **단어 연습** Vocabulary Exercise

1. 2) 집   3) 식당   4) 공원   5) 교실   6) 시장   7) 커피숍   8) 은행   9) 도서관   10) 약국

2.

미	니	언	³⁾화	장	실
반	⁵⁾지	금	최	¹⁾친	스
²⁾선	생	님	고	구	서
⁴⁾서	점	이	박	시	윤

6과 얼마예요?

문법 연습 Grammar Exercise

수 1

1. 2) 공이 삼사삼 사육이일   3) 공일공 이이칠칠 오육팔구   4) 공칠공 팔구사오 육삼삼오
　　5) 공공사 구사오 사사칠팔
2. 2) 이천 원이에요   3) 이만 삼천 원이에요   4) 삼만 사천 오백 원이에요   5) 십 오만 원이에요

이거/그거/저거

1. 2) 그거   3) 이거   4) 저거   5) 저거
2. 2) 그   3) 저, 이천 원이에요   5) 주스는 얼마예요, 칠백 원이에요
　　6) 김밥은 얼마예요, 이천 오백 원이에요

단어 연습 Vocabulary Exercise

1. 2) 지갑   3) 볼펜   4) 핸드폰   5) 책상   6) 연필   7) 공책   8) 의자
2. 2) 얼마예요?   3) 뭐예요   4) 원이에요   5) 한복이

7과 비빔밥 한 그릇 주세요

문법 연습 Grammar Exercise

수 2

1. 2) 둘   3) 셋   4) 넷   5) 다섯   6) 여섯   7) 일곱   8) 여덟   9) 아홉   10) 열
2. 2) 넷   3) 둘   4) 하나   5) 빵, 다섯

개, 병, 잔, 그릇, 인분

1. 2) 두 개　3) 세 개　4) 네 개　5) 다섯 개　6) 여섯 개　7) 일곱 개　8) 여덟 개　9) 아홉 개
　　10) 열 개

2. 2) 세, 병　3) 다섯, 개　4) 두, 그릇, 세, 잔　5) 삼겹살 삼 인분하고 소주 한 병 주세요

VOCA 단어 연습 Vocabulary Exercise

1. 2) 삼겹살　3) 자장면　4) 냉면　5) 비빔밥　6) 김치찌개　7) 순두부찌개　8) 떡볶이
2. 2) 잠깐만 기다리세요　3) 하고　4) 갈비　5) 햄버거

8과 카즈마 씨는 커피를 좋아해요?

💡 문법 연습 Grammar Exercise

-아요/어요

1.

기본형 (Infinitive form)	−아요/어요	기본형 (Infinitive form)	−아요/어요
앉다	1) 앉아요	먹다	6) 먹어요
마시다	2) 마셔요	공부하다	7) 공부해요
읽다	3) 읽어요	가다	8) 가요
배우다	4) 배워요	좋아하다	9) 좋아해요
보다	5) 봐요	만나다	10) 만나요

2. 2) A : 마셔요
　　　 B : 네, 마셔요
　　3) A : 읽어요
　　　 B : 네, 읽어요
　　4) A : 가요
　　　 B : 네, 가요
　　5) A : 먹어요
　　　 B : 네, 먹어요

을/를

1.

명사(noun)	을/를	명사(noun)	을/를
책	1) 책을	친구	6) 친구를
영화	2) 영화를	빵	7) 빵을
커피	3) 커피를	우유	8) 우유를
선생님	4) 선생님을	김밥	9) 김밥을
한국어	5) 한국어를	핸드폰	10) 핸드폰을

2. 2) 한국어를 배워요 3) 콜라를 마셔요 4) 책을 읽어요 5) 텔레비전을 봐요

VOCA 단어 연습 Vocabulary Exercise

1. 2) 만나다 3) 보다 4) 먹다 5) 읽다 6) 마시다 7) 공부하다 8) 쇼핑하다 9) 좋아하다
2. 2) − ⓒ 3) − ⓑ 4) − ⓐ

 9과 한국어가 재미있어요

문법 연습 Grammar Exercise

으 탈락

1.

기본형 (Infinitive form)	−아요/어요	기본형 (Infinitive form)	−아요/어요
아프다	1) 아파요	쓰다	4) 써요
크다	2) 커요	바쁘다	5) 바빠요
예쁘다	3) 예뻐요	고프다	6) 고파요

2. 2) 꽃이 예뻐요 3) 배가 고파요 4) 교실이 커요 5) 선생님이 바빠요

ㅂ 불규칙

1.

기본형 (Infinitive form)	−아요/어요	기본형 (Infinitive form)	−아요/어요
맵다	1) 매워요	어렵다	4) 어려워요
덥다	2) 더워요	아름답다	5) 아름다워요
춥다	3) 추워요	가깝다	6) 가까워요

2. 2) A : 집이 가까워요
　　 B : 네, 가까워요
　 3) A : 교실이 더워요
　　 B : 네, 더워요
　 4) A : 날씨가 추워요
　　 B : 네, 추워요
　 5) A : 한국어가 어려워요
　　 B : 네, 어려워요

VOCA 단어 연습 Vocabulary Exercise

1. 2) 맵다 3) 예쁘다 4) 어렵다 5) 아프다 6) 유명하다 7) 재미있다 8) 춥다 9) 크다
2. 2) − ⓒ 3) − ⓐ 4) − ⓓ

10과 은행이 어디에 있어요?

💡 문법 연습 Grammar Exercise

에 있다

1. 2) 주엔이 도서관에 있어요   3) 카즈마가 식당에 있어요   4) 크리스가 기숙사에 있어요
2. 2) 에 있어요   3) 에 있어요   4) 냉장고에 있어요   5) A: 어디에 있어요, B: 교실에 있어요

도

1. 2) 도 있어요   3) 도 학생이에요   4) 도 없어요   5) 도 한국 사람이에요
2. 2) A: 도 있어요
　　 B: 식당도 있어요
　 3) A: 도 있어요
　　 B: 서준도 있어요
　 4) A: 도 학교에 가요
　　 B: 주엔도 학교에 가요

VOCA 단어 연습 Vocabulary Exercise

1. 2) 노트북   3) 에어컨   4) 카드   5) 휴지   6) 안경   7) 컴퓨터   8) 우산
2. 2) 옷 가게   3) 병원   4) 냉장고   5) 옆

11과 저는 고기를 안 먹어요

💡 문법 연습 Grammar Exercise

이/가 있다

1. 2) 있어요   3) 있어요   4) 지갑이 있어요   5) 카즈마는 카드가 있어요
2. 2) 남자 친구가 있어요   3) 돈이 없어요   4) 여동생이 없어요   5) 형이 있어요

안

1. 2) 한국어가 안 어려워요   3) 저는 김치를 안 먹어요   4) 동생은 학교에 안 가요
　 5) 오빠는 운동 안 해요
2. 2) 책을 안 읽어요   3) 커피를 안 마셔요   4) 내일 친구를 안 만나요   5) 한국어를 공부 안 해요

VOCA 단어 연습 Vocabulary Exercise

1. 2) 아버지   3) 누나   4) 형   5) 남동생   6) 여동생   7) 언니   8) 오빠   9) 여동생   10) 남동생
2. 2) 게임은   3) 여자 친구는   4) 가르쳐요   5) 모두

12과 이쪽으로 가세요

문법 연습 Grammar Exercise

-으세요/세요

1. 2) 이 버스를 타세요   3) 여기에 앉으세요   4) 빨리 가세요   5) 비빔밥 한 그릇 주세요

2. 2) 읽으세요   3) 보세요   4) 앉으세요   5) 가세요

으로/로

1. 2) 으로   3) 으로   4) 으로   5) 으로   6) 로

2. 2) 으로 가세요   3) 으로 가세요   4) 으로 가세요

5) A: 어디에 있어요, B: 으로 가세요

단어 연습 Vocabulary Exercise

1. 2) 지하철   3) 비행기   4) 기차   5) 버스   6) 택시

2. 2) − ⓐ   3) − ⓑ   4) − ⓔ   5) − ⓒ

13과 한 시에 점심을 먹어요

문법 연습 Grammar Exercise

시간

1. 2) 두 시   3) 세 시   4) 네 시   5) 다섯 시   6) 여섯 시   7) 일곱 시   8) 여덟 시   9) 아홉 시
10) 열 시   11) 열한 시   12) 열두 시   13) 십 분   14) 십오 분   15) 이십 분   16) 삼십 분
17) 사십오 분   18) 오십 분

2. 2) 한 시 삼십 분이에요/ 한 시 반이에요   3) 열두 시 사십구 분이에요
4) 열한 시 이십오 분이에요   5) 여덟 시 십칠 분이에요

에

1. 2) 네 시에 친구를 만나요   3) 아홉 시에 커피를 마셔요   4) 여섯 시 삼십 분에 저녁을 먹어요
5) 열한 시에 영어를 배워요

2. 2) 주엔 씨는 열한 시에 한국어를 배워요   3) 주엔 씨는 한 시에 점심을 먹어요
4) 주엔 씨는 다섯 시에 운동해요

단어 연습 Vocabulary Exercise

1. 2) 세수하다   3) 점심을 먹다   4) 배우다   5) 인터넷하다   6) 숙제하다   7) 샤워하다   8) 자다

2. 2) 아르바이드를 해요   3) 쯤   4) 저녁을   5) 그 다음에

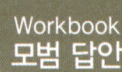

14과 전주에서 비빔밥을 먹고 싶어요

💡 문법 연습 Grammar Exercise

에서

1. 2) – ⓐ   3) – ⓒ   4) – ⓓ

2. 2) 커피숍에 가요. 커피숍에서 친구를 만나요   3) 집에 가요. 집에서 책을 읽어요
   4) 도서관에 가요. 도서관에서 한국어를 공부해요

-고 싶다

1.

기본형 (Infinitive form)	–고 싶다	기본형 (Infinitive form)	–고 싶다
가다	1) 가고 싶다	먹다	4) 먹고 싶다
사다	2) 사고 싶다	찍다	5) 찍고 싶다
만나다	3) 만나고 싶다	읽다	6) 읽고 싶다

2. 2) A: 가고 싶어요
      B: 저는 커피숍에 가고 싶어요
   3) A: 사고 싶어요
      B: 저는 핸드폰을 사고 싶어요
   4) A: 만나고 싶어요
      B: 저는 마이클을 만나고 싶어요
   5) A: 묵고 싶어요
      B: 저는 호텔에서 묵고 싶어요

VOCA 단어 연습 Vocabulary Exercise

1. 2) 모텔   3) 게스트하우스   4) 펜션   5) 예약하다   6) 묵다   7) 출발하다   8) 도착하다
2. 2) 닭갈비가   3) 사진을   4) 텔레비전을   5) 호텔

15과 금요일부터 일요일까지 여행을 가요

💡 문법 연습 Grammar Exercise

날짜

1. 2) 이월   3) 삼월   4) 사월   5) 오월   6) 유월   7) 칠월   8) 팔월   9) 구월   10) 시월   11) 십일월
   12) 십이월   13) 일일   14) 오일   15) 십일   16) 십육일   17) 이십삼일   18) 삼십일일
2. 2) 팔월 이일이에요   3) 유월 이십일이에요   4) 시월 십칠일이에요

부터 ~ 까지

1. 2) 열 시부터 열두 시까지 한국어를 배워요

    3) 열두 시 삼십 분부터 한 시 삼십 분까지 점심을 먹어요

    4) 네 시부터 다섯 시 삼십 분까지 숙제를 해요

    5) 아홉 시부터 다섯 시까지 일해요

2. 2) 오후 한 시부터 두 시까지 점심을 먹어요　3) 오후 세 시부터 다섯 시까지 숙제해요

    4) A: 언제 드라마를 봐요

       B: 저녁 여덟 시 삼십 분부터 열 시까지 드라마를 봐요

VOCA 단어 연습 Vocabulary Exercise

1. 2) 월요일　3) 화요일　4) 수요일　5) 목요일　6) 금요일　7) 토요일

2. 2) 방학이　3) 언제예요　4) 여행(을) 가요　5) 데이트(를) 해요

교환 학생을 위한

기초 **한국어**

Basic Korean
for exchange students

Workbook

한글파크

(주)한글파크는 한국어 교재
출판사이자 전문 서점입니다.

Since1977

시사 Dream,
Education can make dreams come true.

Designed by **SISA Books**